JN418833

경북의 종가문화 22

마음이 머무는 자리,
성주 동강 김우옹 종가

경북의 종가문화 22

마음이 머무는 자리,
성주 동강 김우옹 종가

기획 | 경상북도 · 경북대학교 영남문화연구원
지은이 | 정병호
펴낸이 | 오정혜
펴낸곳 | 예문서원

편집 | 유미희
디자인 | 김세연
인쇄 및 제본 | 주) 상지사 P&B

초판 1쇄 | 2013년 10월 31일

주소 | 서울시 성북구 안암동 4가 41-10 건양빌딩 4층
출판등록 | 1993년 1월 7일(제307-2010-51호)
전화 | 925-5914 / 팩스 | 929-2285
홈페이지 | http://www.yemoon.com
이메일 | yemoonsw@empas.com

ISBN 978-89-7646-311-1 04980
ISBN 978-89-7646-307-4 (전8권)

값 18,000원

경북의 종가문화 22

마음이 머무는 자리,
성주 동강 김우옹 종가

정병호 지음

예문서원

지은이의 말

필자는 영남지역에서 생장하여 그동안 여기서 살아왔고 지금도 여기서 살고 있으며 앞으로도 여기서 살아갈 것이다. 삶의 마지막 종착지도 여기가 될 것이다. 여기 이곳이 일상의 공간인 셈이다.

일상의 공간은 편안하고 아늑함을 제공해 준다. 익숙함이 이런 정감을 주는 것이리라. 그렇지만 이런 익숙함은 때로는 따분함을 가져오기도 한다. 낯선 곳으로 떠나고 싶은 마음은 이럴 때 밀물처럼 밀려온다. 그렇지만 정작 떠나 보면 일상의 공간이 그리워 서둘러 돌아온다. 이처럼 우리는 일상의 공간에서 떠났다가 다시 돌아오는 일을 되풀이하며 살아가고 있다. 떠났다가 다시 돌아온다는 것은 버릴 수 없는 소중한 것이 거기에 있기 때문이다. 그 소중한 것의 밑바탕에는 일상의 공간에서 형성된 일상의 문화가 흐르고 있다. 문제는 다시 일상의 문화, 곧 생활문화이다.

일상은 항상 가까이 있어 그 소중함을 놓쳐 버리기 쉽다. 숨쉬며 살아가면서도 공기의 소중함을 잊고 지내듯 말이다. 일상의 문화 또한 마찬가지이다. 심한 경우에는 일상의 문화는 문화로도 인정받지 못하고 그냥 생활로 치부되기도 한다. 이런 점에서 일상을 문화로 인식하는 일이 무엇보다 긴요하다.

필자는 영남지역에서 살아오면서 영남문화에 대해 나름대로 관심을 가졌지만 그것의 정체성을 온전히 설명하지는 못했다. 일상의 공간에서 형성된 일상문화의 소중함을 제대로 인식하지 못하고 일상과 유리된 데서 영남문화를 찾으려 했기 때문이다. 영남문화는 영남지역의 일상에 오롯이 녹아 있다는 평범한 사실을 놓친 것이다. 동강종가에 대한 집필을 의뢰받고서야 이런 평범한 사실을 인식할 수 있었다. 가슴 설레는 일이었다. 종가를 통해 영남지역의 살아 있는 생활문화를 해명해 낼 수 있을 것으로 기대했기 때문이다.

필자는 성주에서 태어나 자랐다. 처가와 외가도 성주에 있다. 동강종가 역시 낯설지 않은 곳이다. 어릴 때부터 집안 어른들로부터 동강은 성주의 양강兩岡 중 한 분이라는 얘기를 들으며 자랐다. 이러저러한 일로 수차례 종택을 다녀온 적이 있고 종부와 종손과도 몇 차례 대면한 적이 있다. 연전에 심산선생 기념공원 조성사업에 참여하기도 했다. 집필에 자신감이 있었다. 그러나 이런 자신감이 허물어지는 데는 오랜 시간이 걸리지 않았다. 사실 동강종가에 대한 얕은 지식에 필자 스스로도 놀랐다. 성주 출신이라는 사실을 숨기고 싶을 지경이었다. 대상에 대한 공부가 축적되어 있지 않은 상태에서 글을 쓴다는 것은 애초에 무리였다.

스스로 고백하건대 이 글은 동강종가에 대한 공부를 시작하면서 쓴 글이다. 온축된 공부가 아닌 시작 단계에서 쓴 글이라 내용이 거칠고 깊이가 얕고 표현이 서툴다. 그렇지만 이제 필자의 관심은 온통 동강종가에 쏠려 있다. 관심을 기울이다보니 전에 보이지 않던 것이 새롭게 보이기도 했다.

동강종가, 성주의 사도실에 터 잡은 지 500년. 이 종가에 이어져 오는 정신은 무엇일까. 필자는 동강종가를 마음이 머무는 자리로 생각한다. 동강의 심학이 내적 수렴을 거쳐 심산의 행동주의로 표출된 것으로 본다. 그 중심에는 언제나 흔들리지 않고 올곧은 선비의 마음이 자리하고 있다. 이것이 동강종가의 정신이다. 마음을 수양하여 내면을 가다듬고 불의에 과감히 맞서는 동강종가의 선비정신. 동강이 앞장섰고 심산이 그 뒤를 따랐다.

필자는 종택을 찾을 때마다 일상에서 느끼는 익숙함과 일상에서 벗어난 새로움을 함께 느낀다. 동강종가, 일상과 비일상이 공존하는 곳이다. 편안하면서도 따분하지 않은 최적의 공간이다. 그래서 동강종가에 가면 계속 머물고 싶어진다.

마음이 흔들리거나 어지러울 때 그곳에 가고 싶다. 마음이 머무는 자리, 사도실의 동강종가. 칠봉산이 반갑게 맞이해 줄 것이다.

무더운 여름날 사도실을 생각하며

정병호

차례

지은이의 말 _ 4

제1장 동강종가, 사도실에 터 잡다 _ 10

1. 도를 생각하는 곳, 사도실 _ 12

2. 사도실, 유교문화의 현장 _ 16

3. 동강의 뿌리를 찾아서 _ 23

제2장 동강 김우옹, 그는 누구인가? _ 34

1. 동강의 삶과 학문 _ 36

2. 출처관과 관료로서의 행적 _ 49

3. 동강의 저술 _ 60

4. 동강의 문학 _ 64

5. 향기로 남은 동강의 유적 _ 79

제3장 동강의 후손들 _ 90

1. 김효가와 김욱 _ 92

2. 김남수 _ 94

3. 김호림 _ 97

4. 김황 _ 100

5. 김창숙 _ 103

제4장 동강종가의 문헌과 건축문화 _ 128

1. 청천서원의 판목 _ 130

2. 동강종가의 건축문화 _ 135

제5장 동강종가의 제례 _ 144

1. 동강 불천위 제사 _ 146

2. 청천서원 향사 _ 157

제6장 종부 · 종손과의 대화 _ 166

1. 종부로 살아온 나날들: 14대 종부 손응교 _ 168

2. 종손으로 살아가기: 15대 종손 김위 _ 175

제1장 동강종가, 사도실에 터 잡다

1. 도를 생각하는 곳, 사도실

동강종가가 있는 사도실(思道谷)은 현재의 행정구역으로 성주군 대가면 칠봉 2리에 속해 있는 마을이다. 대가면은 성주군의 중앙부(성주읍의 서편)에 위치하여, 남쪽으로는 용암면과 수륜면, 서쪽으로는 가천면, 북쪽으로는 금수면 · 벽진면과 접해 있다. 칠봉리를 비롯하여 옥련리, 금산리, 옥성리, 옥화리, 용흥리, 대천리, 홍산리, 도남리 등 9개의 행정동으로 이루어져 있다.

칠봉리七峰里는 대가면 칠봉리에서 수륜면 송계리로 가는 호령고개의 북쪽 칠봉산(516m) 기슭에 있는 마을로, 칠봉 1리에 신기(신기마)와 유촌, 칠봉 2리에 구암리, 사도실, 새터, 죽촌 등의 자연부락이 있다.

칠봉산 전경

칠봉리는 칠봉산 기슭에 있는 마을이라 하여 붙여진 이름이다. 칠봉산은 일곱 개의 봉우리가 있어 붙여진 이름이다. 칠봉산은 월명봉月明峰, 장가봉藏可峰, 지지봉知止峰, 직준봉直峻峰(松臺峰), 암암봉巖巖峰(聖造峰), 낙조봉落照峰, 봉명봉鳳鳴峰으로 이루어져 있다. 칠봉산은 김희삼金希參이 명종으로부터 하사받은 산이다. 명종이 신료들에게 각자 소원을 물었는데 김희삼이 나중에 고향으로 내려가 칠봉산 아래에서 만년을 보내고 싶다고 하니 명종이 그 산을 하사했다고 한다. 이때 김희삼은 자신의 호를 칠봉산인

사도실 원경

으로 지었다.

칠봉산 기슭에 있는 사도실은 원래 사월곡沙月谷이라는 명칭을 지니고 있었다. 사월곡은 칠봉산에서 흘러내려 마을 앞을 지나는 사천沙川과 칠봉산의 첫째 봉우리인 월명봉月明峰에서 글자를 취해 이름을 붙인 것이다. 그런데 어느 시기부터인지는 알 수 없지만 지역민들은 이 마을을 사월곡보다는 사도실이라 불러 왔다. 이 마을 출신인 동강東岡의 도학을 추앙하는 마음이 모여 이런 이름을 붙여 부른 것으로 생각된다. 도를 생각하는 마을, 사도실.

사도실에는 배혜裵惠가 처음으로 입향하였다. 배혜의 본관은 달성達城, 호는 송재松齋로 배천경裵天慶의 현손, 배길상裵吉祥의 아들이다. 세조 때 문과에 급제하여 북청부사, 첨사, 병마절제사 등을 역임하였으며 부임하는 곳마다 청백리로 이름을 남겼다. 그 후, 배혜의 사위인 김계손金季孫이 이곳에 들어와 정착하였다. 김계손이 바로 의성김씨의 사도실 입향조이다. 김계손의 증손 김희삼, 김희삼의 아들 김우옹, 김우옹의 13대 종손 김창숙이 바로 사도실에서 태어나고 자랐다. 지금 사도실에는 동강의 후손 30여 가구가 집성촌을 이루어 살고 있다.

2. 사도실, 유교문화의 현장

사도실은 그 이름에 걸맞게 곳곳에 유교문화의 현장이 남아 있다. 마을 입구의 내리막길이 끝나는 지점 오른쪽에 비석과 비각이 나란히 서 있다. 비석은 삼일독립유공직산김창렬선생기념비三一獨立有功直山金昌烈先生紀念碑이고 비각은 열부창녕조씨행록비烈婦昌寧曺氏行錄碑이다.

직산김창렬선생기념비는 동강의 13대손인 독립유공자 김창렬의 독립운동을 기리기 위해 성주군민이 뜻을 모아 세운 기념비이다. 비석의 전면에 삼일독립유공은 작은 글자로, 직산김창렬선생기념비는 큰 글자로 새겨져 있다. 비석 가까이 가지 않고 길에서 보면 삼일독립유공이라는 작은 글자는 잘 보이지 않는다.

이 비석이 어떤 공적을 기리기 위해 세운 것인지 궁금하면 비석 가까이로 가보자. 삼일독립유공이라는 글자가 눈에 선명하게 들어온다. 그 비석의 뒷면에 새겨진 김창렬의 행적을 요약하면 다음과 같다.

삼일독립유공 직산 김창렬 선생 기념비

김창렬은 동강의 13대손으로 자는 성무聖武, 아명은 원술元述, 호는 직산直山이다. 1910년 경술늑약의 비보를 듣고서 비분강개하여 동지들과 매국노를 성토하였으며, 족형 심산을 도와 연락과 동지규합의 일을 담당하였다. 1919년 3·1독립운동이 일어나자 성주군의 여러 동지들과 독립만세운동을 펼치기로 결의하였다. 그는 태극기 및 선전문 등을 만들어 군내 각처에 배포하고, 4월 2일 성주 장날에 수천 군중들과 함께 독립만세시위를 전개하다가 체포되어 대구형무소에서 6개월의 옥고를 겪었다. 그는 출옥 후에도 항일운동을 계속하다가 광복을 맞이하였다.

그는 조부와 부친으로부터 가학을 이어받아 평소 강직한 기상을 길렀다고 한다. 이러한 기상을 바탕으로 독립운동을 줄기차게 전개하였다. 그는 성주의 독립만세시위를 주도한 인물로 김창숙과 함께 동강 가문의 대표적인 독립운동가라 할 수 있다.

독립운동. 나라를 빼앗긴 자가 빼앗긴 나라를 되찾으려는 행위는 당연히 해야 할 일이다. 특히, 지식인이라면 독립운동은 반드시 실천해야 할 역사적 책무가 아니겠는가. 그럼에도 이런 역사적 책무를 망각한 지식인들이 없지 않았다. 이런 점에서 역사적 책무를 실천한 지식인들의 행적은 더욱 널리 알리고 기려야 마땅하다. 역사적 책무의 중요성은 거듭 강조할 필요가 있다.

김창렬 역시 이런 역사적 책무를 충실히 실천한 지식인이다. 지식인은 배운 바를 실천하는 인물이다. 역경에서 더욱 진가를 발휘해야 참다운 지식인이라 할 수 있다. 망국이라는 상황보다 더한 역경이 어디 있으랴.

직산直山이란 호에서 알 수 있듯이 김창렬은 칠봉산의 직준봉을 바라보며 곧음(直)으로 호연지기를 길렀을 것이다. 그 호연지기를 조국의 독립을 위해 온통 쏟은 것이다.

기념비를 다시 한 번 올려다보면서 지식인의 자세에 대해 자문해 본다. 나는 지금 이 땅에서 무엇을 해야 하는가. 나의 앎이

열부 창녕조씨 행록비

실천으로 이어졌던가. 기념비에서 바라본 직준봉은 여전히 곧은 모습으로 그 자리를 지키고 있다.

직산김창렬선생기념비 옆에 비각이 하나 있다. 앞에는 출입문이 있고 둘레는 담장으로 싸여 있다. 담장 가까이 다가가면 비각 안에 비석이 보이고 그 비석의 앞면 제일 오른쪽에 열부창녕조씨행록烈婦昌寧曺氏行錄이라는 글자가 보인다. 비문의 내용을 보려면 출입문으로 들어가야 한다. 출입문은 잠겨 있기 때문에 관리인에게 미리 연락하고 동행해야 한다. 여간 번거로운 일이 아니다. 상시 개방이 어렵다면 행록의 내용을 요약한 안내판이라도 입구에 세워두면 이런 번거로움이 없어질 것이다. 행록의 주인공 열부 조씨의 행적은 다음과 같다.

> 열부 조씨는 김종택金宗澤의 아내이다. 남편이 병이 들었는데, 어떤 사람이 시체의 즙이 좋다고 하자 조씨는 산 사람의 살로 대신할 수 있다고 여겨 허벅지를 잘라 속여 마시게 하였다. 병이 조금 나아지자 또 허벅지를 베어 바치니 병이 드디어 나았고, 허벅지도 완전히 되살아났다.

김종택은 동강의 8대손이다. 조씨는 동강 가문에 시집와서 자신의 허벅지 살을 베어 부군夫君을 완치시킨 정성이 인정되어 나라로부터 열부의 정려를 받은 인물이다. 가문의 영광. 개인의 희생을 전제로 한 것이다. 아내 조씨의 살을 베는 헌신이 그것이다. 관점에 따라서는 가혹한 희생이라고 여길 수도 있겠다. 그런데 중요한 것은 부인의 마음이다. 이런 헌신은 누구의 강요에 의해 이루어진 게 아니다. 순전히 아내 조씨의 판단에 의해 결행된 것이다. 열부라는 정려를 받기 위해 취한 행동은 더더욱 아니다. 그렇다면 개인의 자율적 판단에 의한 헌신은 정려에 관계없이 그 가치를 인정할 필요가 있다. 아내 조씨의 헌신은 부군에 대한 지극한 사랑의 표현에 다름 아니다. 그 표현 방법은 각자가 처한 상

하강대

황이나 형편에 따라 다를 수 있다.

아내 조씨의 부군에 대한 지극한 헌신으로 미루어 보아 부군 역시 아내에게 각별한 애정을 지녔을 것으로 생각된다. 비석에 새겨진 열부 조씨의 행록을 읽으면서 나의 아내를 생각했다. 나의 아내가 열부가 되는 영광을 주지 않기로 결심했다.

기념비와 열부비각을 둘러본 뒤 사천沙川 위에 있는 하강대下岡臺로 발걸음을 옮겼다. 하강대는 하강下岡 김호림金頀林이 평소 거닐며 심성을 수양하던 곳이다. 김호림은 동강의 12대 종손이며 심산의 부친으로 호가 하강이다. 동강의 학문을 계승하여 아들인 심산에게 가학을 전수하였다. 하강이라는 호는 동강의 아래라는 의미로 붙인 듯하다. 그런데 우연인지 몰라도 지금 하강대는 동강대 밑에 위치해 있다. 하강대는 사천 위 산기슭 아래에 있는데 큰 바위 세 개가 삼각형의 형태로 놓여 있고 가운데 바위에 하강이라 글자가 새겨져 있다. 소나무 한 그루가 그 옆을 지키고 있다. 하강대는 하강이라는 각석 이외에는 하강대를 증명할 근거가 남아 있지 않다.

이와 같이 사도실은 바로 유도儒道의 흔적과 현장들이 마을 곳곳에 포진해 있다. 다른 장에서 설명할 청천서원, 청천서당, 동강대 또한 사도실의 중요한 유교문화이다. 그러니까 사도실은 명실상부한 마을 이름인 셈이다.

3. 동강의 뿌리를 찾아서

1) 가계

동강은 본관이 의성이다. 의성김씨의 가계도를 통해 동강의 뿌리를 찾아가 보자.

의성김씨의 연원을 거슬러 올라가 보면 그 뿌리는 신라 경순왕敬順王과 연결된다. 경순왕은 신라 박·석·김씨 56왕 중 김씨 38왕의 시조인 김알지金閼智의 28세손으로 9남 2녀를 두었다. 맏이인 마의태자麻衣太子는 금강산으로 들어가 후손이 없고 나머지 여덟 아들들은 각 지역에 봉군封君되어 각 관향의 시조가 되었다.

의성군義城君으로 봉군된 넷째 아들 **석錫**이 의성김씨의 시조

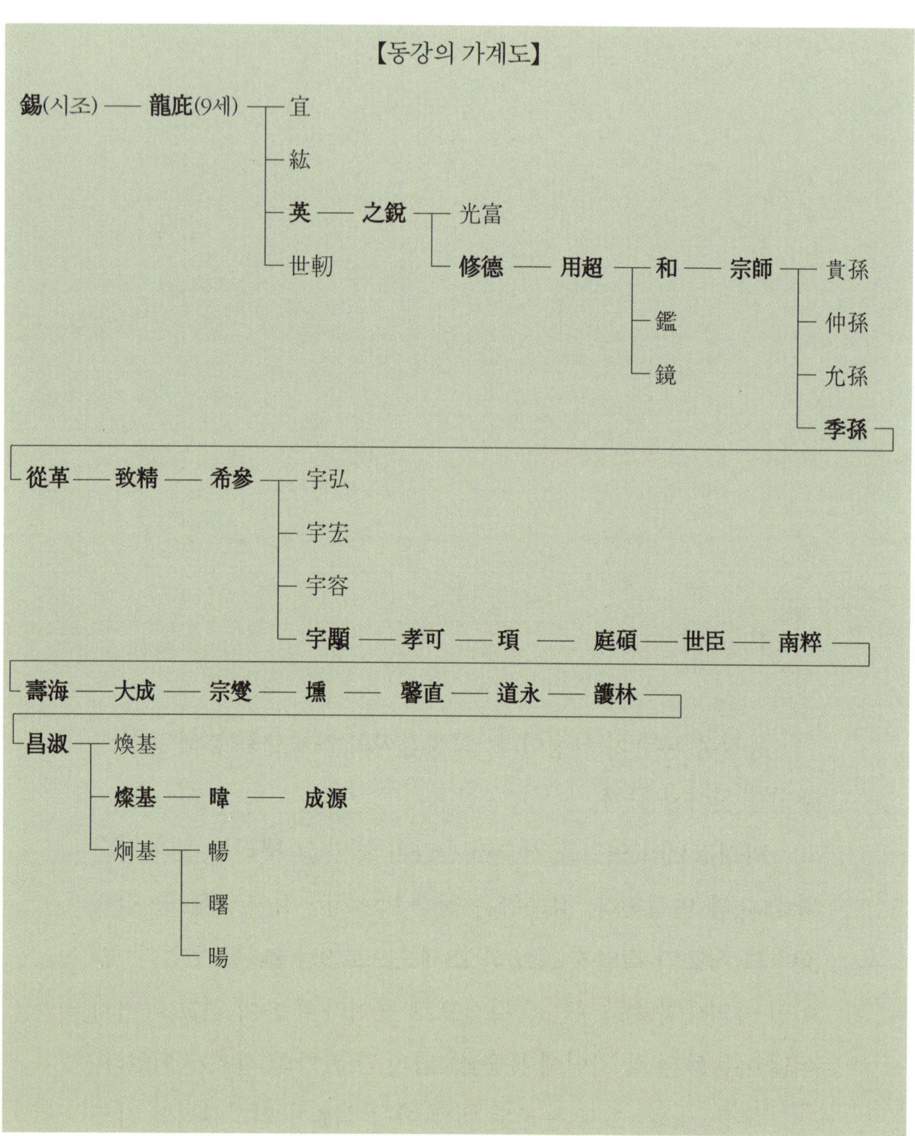
【동강의 가계도】
錫(시조) — 龍庇(9세)
宜
紘
英 — 之銳
世軔
光富
修德 — 用超
和 — 宗師
鑑
鏡
貴孫
仲孫
允孫
季孫
從革 — 致精 — 希參
宇弘
宇宏
宇容
宇顒 — 孝可 — 頊 — 庭碩 — 世臣 — 南粹
壽海 — 大成 — 宗燮 — 壎 — 馨直 — 道永 — 頀林
昌淑
煥基
燦基 — 暐 — 成源
炯基
暢
曙
暘

始祖이다. 그의 9세손 **용비龍庇**는 고려에서 금자광록대부태자첨사金紫光祿大夫太子詹事에 오르고 의성군義城君에 봉해졌다. 의성 고을 사람들이 그의 공덕을 기려 진민사鎭民祠를 세우고 춘추로 향사를 받들었다. 그 뒤 본손들이 의성의 오토산五土山 묘소 아래에 묘우廟宇와 재사齋舍를 건립하여 향사하고 있다. 용비는 네 아들을 두었다.

장남 의宜는 은청광록대부상서우복야銀青光祿大夫尙書右僕射에 추봉되었고 후손이 안동지방에 거주하고 있다.(伯派: 복야공파) 2남 굉紘은 은청광록대부복야銀青光祿大夫僕射로 의성부원군義城府院君에 봉해졌으며 후손들이 각지에 분산 거주하고 있다.(仲派: 부원군파) 3남 영英은 봉익대부판전객시사 겸 집현전태학사奉翊大夫判典客寺事兼集賢殿太學士를 거쳐 삼중대광문하시랑찬성사三重大匡門下侍郎贊成事에 올랐다.(叔派: 찬성공파) 4남 세인世靭은 전서典書를 지냈다.(季派: 전서공파)

찬성공 **영英**은 동강의 10대조이다. 영의 장남 **지예之銳**는 동강의 9대조로 문과에 급제하여 초계군수를 지냈으며 병조판서에 증직되었다. 지예의 장남 광부光富는 호가 남파南坡로, 문과에 급제하였으며 봉익대부순성보리공신奉翊大夫純誠輔理功臣에 책록되었다. 그 후손들은 경남 합천, 경북 청송에 살고 있다. 지예의 둘째 아들 **수덕修德**은 동강의 8대조로 가의대부이조참판嘉義大夫吏曹參判을 지냈다.

성주의 의성김씨들은 숙파인 찬성공파로 영英의 둘째 손자인 수덕修德의 아들 **용초用超**가 입향조이다. 김용초金用超(?~1406)가 바로 의성김씨 문절공파文節公派의 파조派祖이다. 문과에 급제하였으며 가의대부병마절제사嘉義大夫兵馬節制使를 지냈다. 그의 후손들은 수륜면 윤동倫洞, 대가면의 내기와 사도실, 초전면의 내동內洞, 용암면의 마천·조곡·위동, 가천면의 동원리, 성주읍의 용산리 등 성주지역 곳곳에 집성촌을 이루어 살고 있다. 동강은 용초의 7대손이다.

김용초는 세 아들을 두었는데, 장남 화和는 진사를 지냈으며 차남 감鑑과 삼남 경鏡은 수군절도사를 지냈다. 동강은 **화和**의 6대손이다. 화和의 장남 **종사宗師**는 네 명의 아들을 두었다. 동강은 종사의 5대손이다. 종사의 장남 귀손貴孫은 부사직副司直을 지냈는데 후손이 성주의 윤동과 내기에 살고 있다.(백파) 2남 중손仲孫은 부사직副司直을 지냈는데 후손이 경북 영천에 살고 있다.(중파) 3남 윤손允孫은 부사직副司直을 지냈는데 후손이 김천 장천에 살고 있다.(숙파) 4남 **계손季孫**은 호가 만와晩窩로 수의교위修義校尉를 지냈는데 후손들이 주로 사도실에 살고 있다.(계파) 의성김씨의 사도실 입향조이다. 동강은 계손의 고손이다. 이 가운데 백파와 계파의 자손들이 성주에 많이 살고 있다.

계손季孫의 아들 **종혁從革**은 동강의 증조부로 종사랑산음훈도를 지냈다. 종혁의 아들 **치정致精**은 동강의 조부로 성품이 엄중

과묵하고 효우가 돈독하였으며 좌승지에 증직되었다. 치정의 아들 **희삼**希參은 호가 칠봉七峰으로 문과에 급제하여 삼척부사 등을 역임하였다. 네 명의 아들을 두었다. 장남 우홍宇弘은 호가 이계伊溪로 문과에 급제하여 밀양·함양·나주·광주 등지의 목민관으로 선정에 힘썼다. 후손들이 밀양 가곡에 살고 있다. 차남 우굉宇宏은 호가 개암開巖으로 문과에 급제하여 부제학·대사성·충청도관찰사 등을 역임하였다. 퇴계와 남명의 양문에 종유하였다. 문집으로 『개암집開巖集』이 있다. 후손들이 봉화 해저海底(바래미)에 살고 있다. 3남 우용宇容은 호가 사계沙溪로 천성이 강직하고 효우가 돈독하였다. 후손들이 성주 사도실에 살고 있다. 4남 **우옹**宇顒은 호가 동강東岡, 시호가 문정文貞으로 후손들이 성주 사도실에 살고 있다. 칠봉의 네 아들은 사걸四傑로 일컬어졌다. 칠봉과 그의 아들 세 명은 문과에 급제하기도 하였다. 이때가 사도실의 의성김문이 최전성기를 누린 시기로 보인다.

2) 동강의 선조와 형제

(1) 동강의 선조

· 의성김씨의 성주 입향조: 김용초

김용초金用超(?~1406)는 동강의 7대조로 호는 내성재內省齋, 시

호는 문절文節이다. 경기도 용인龍仁에서 태어났지만 성주 대가면 내기內基(안터)에 살다가 김천 부항면 유천으로 이주하였다. 태어난 지 석 달 만에 혼자 일어설 정도로 숙성夙成하고 용력勇力이 절륜絶倫하였다. 하늘과 인간에 관한 학문을 널리 탐구하고 경륜을 펼쳐 태조 이성계를 도왔다. 안으로는 나랏일을 살피고 밖으로는 장수의 직분을 맡아 태조로부터 깊은 신임을 받았다. 개국원종공신에 녹훈되었다. 홍건적과 왜적을 여러 번 물리쳐 혁혁한 전공을 세웠다. 문과에 급제하였으며 가의대부병마절제사嘉義大夫兵馬節制使를 지냈다. 대가면 내기마을 입구에 유허비가 있다.

· 칠봉산의 군자: 김희삼

김희삼金希參(1507~1560)은 동강의 부친으로 자는 사로師魯, 호는 칠봉七峰 또는 진재進齋로, 김치정金致精의 아들이다. 성주 사도실에서 태어났다. 집이 칠봉산 아래 있어 칠봉산인이라 자호하였으며 그 서재를 진학進學과 진도進道를 지향하는 의미에서 진재進齋로 명명하였다. 효성과 우애가 뛰어났다.

사촌沙村 배이장裵以張, 이광李光, 송희규宋希奎, 진락당眞樂堂 김취성金就成에게 수학하였다. 특히 김취성(1492~1551)의 영향을 많이 받았다. 김취성은 선산에 거주하며 서산포의西山布衣로 자호하였는데 주정함양主靜涵養을 학문(심학)의 근본으로 삼은 학자로 송당松堂 박영朴英(1471~1540)의 문인이다.

1540년 칠봉은 문과에 급제하였는데 시험관인 모재慕齋 김안국金安國은 그의 대책문을 보고 '틀림없는 선비' 라고 칭찬하였다고 한다. 그는 대책문에서 군도君道의 핵심으로 일심一心을 강조하였다. 제자의 급제 소식을 들은 김취성은 그에게 "본원을 함양하는 공부는 중간에 끊어지기 쉬우므로 분발하여 이어가기를 오래하면 자연히 천리가 밝아질 것이다"라는 글을 주면서 본원을 함양하는 공부에 더욱 힘쓰도록 하였다. 칠봉은 스승이 보내준 이 글귀를 벽에 써 붙이고 학문의 요체로 삼았다고 한다. 그의 학문은 심성을 함양하는 공부, 곧 심학이라고 할 수 있다. 그는 주경 공부에 독실하여 항상 밤중에 일어나 엄숙한 자세로 성현의 가르침을 되새겼다. 특히, 『대학』의 '지지장知止章' 을 외우면 마음이 명쾌해진다고 하였다. 그리고 그는 마음에 체득함이 없이 다만 입으로 말하기만 하고 귀로 듣기만 하는 실상이 없는 학문을 비판하였다. 실천적 심학을 강조한 것이다. 이런 학문적 성향은 아들인 동강에게 고스란히 이어졌다.

사헌부 · 사간원 · 홍문관의 요직을 두루 거쳤지만 공무가 끝나면 집으로 곧장 돌아와 문을 닫고 스스로를 지켰다. 부친의 간곡한 당부로 관직에 나아가긴 했지만 부귀공명에는 애초부터 뜻이 없어 자주 병을 핑계로 사직을 청하여 관직에 오래 있지는 않았다. 이런 자세 덕분에 사화에서 벗어날 수 있었다. 남명도 그가 벼슬에 뜻이 없어 고향으로 돌아가고 싶어하는 마음을 알아차리고 계부당鷄伏堂으로 자신을 찾아온 칠봉에게 "바쁘디바쁜 그대의 길이여! 머리의 옥관자 어찌 그리 정정한지"(駪駪之子路, 頭玉何亭亭)라는 시로 귀거래歸去來의 결단을 권한 바 있다.

평소 관직에 연연하지는 않았지만 맡은 직책은 성실히 수행하였다. 삼척부사三陟府使로 재임할 때 자애로써 백성을 돌보니 명령하지 않아도 일이 이루어졌다. 어사御史가 그의 선정을 아뢰자 임금은 "처음에는 부지런하다가 끝에는 게을러지는 것이 인지상정인데 그대의 다스림은 오래되어도 게을러지지 않는구나"라는 유서諭書를 내려 그의 선정을 칭찬하였다.

아들로 우홍宇弘, 우굉宇宏, 우용宇容, 우옹宇顒을 두었는데, 세 명의 아들이 문과에 급제하였다. 이때가 그의 가문이 최전성기를 누린 시기라 할 수 있다.

문집으로 『칠봉선생일집七峰先生逸集』이 있다. 칠봉의 글로는 시詩 8수, 부賦 2편, 서書 1편, 지문誌文 2편, 책문策問 1편이 실려 있다. 문집을 편찬하기 전에 이미 많은 글이 산일되어 전하는 글이 많지 않다. 이 가운데 「심학부心學賦」에서 주일무적主一無敵을 통한 경敬 공부를 강조한바, 그의 학문적 성향을 파악할 수 있다. 부록에는 언행록, 유사遺事, 만사, 제문 등이 실려 있다. 만사와 제문을 통해 이황, 조식, 김인후, 오건과의 교우관계를 확인할 수 있다. 아들 동강이 언행록과 유사를 찬술하였다.

문집의 서문을 쓴 입재立齋 정종로鄭宗魯는 칠봉을 '출처가

시의時宜에 합당하고 명철보신明哲保身하여 성덕盛德을 이룬 군자'로 평가하였다.

(2) 동강의 형제

· 김우홍

김우홍金宇弘(1522~1590)은 김희삼의 맏아들로 자는 면부勉夫, 호는 이계伊溪 또는 횡천橫川이다. 사도실에서 태어났다. 1546년에 생원시와 진사시에 모두 합격하고 1553년(명종 8)에 문과에 급제하였다. 주서注書 · 병조좌랑兵曹佐郎 · 장례원사의掌隸院司儀 · 예빈시정禮賓寺正을 역임하였다. 함양부사 · 광주목사 · 나주목사 · 영흥부사 · 밀양부사 등 재임하는 곳마다 선정을 베풀고 학문을 일으켜 풍속을 바로잡았다. 영흥과 나주에는 그를 기리는 유애비遺愛碑가 있다.

· 김우굉

김우굉金宇宏(1524~1590)은 김희삼의 둘째 아들로 자는 경부敬夫, 호는 개암開巖이다. 퇴계와 남명의 문하에서 수학하였다. 동생인 동강東岡과 문장으로 널리 알려졌다. 집에서는 효도와 공경을 다하였으며 조정에서는 강직한 기풍이 있었다.

1565년 경상도 유생을 대표해 여덟 차례에 걸쳐 보우普雨의 참수를 상소하였다. 이듬해 문과에 급제하였으며 대사간 · 대사성 · 청송부사 · 광주목사光州牧使 등을 지냈다. 1589년에 동생인 동강이 정여립鄭汝立의 옥사에 연루되어 회령으로 귀양 가자, 영주로 달려가 동생에게 갓과 옷을 벗어 주고 시를 지어 주는 등 우애가 각별하였다. 대사간으로 있을 때 사적인 감정으로 옥송獄訟을 처리한 형조판서를 탄핵하는 강직함을 보였다. 상주 속수서원涑水書院에 제향되었다. 저서로 『개암집開巖集』이 있다.

『개암집』은 4권 2책으로 구성되어 있다. 권1에는 시詩(15수), 부賦(5편)가 수록되어 있다. 시는 조식曺植, 류중영柳仲郢, 류희춘柳希春, 오건吳健, 노진盧禛에게 올린 만시輓詩가 가장 많다. 부賦 가운데 「불성무물부不誠無物賦」는 성誠의 중요성을, 「환산사조부桓山四鳥賦」는 형제애를 강조한 작품이다. 권2에는 소疏(6), 차箚(1), 계사啓辭(1), 교서敎書(2)가 수록되어 있다. 상소는 대부분 보우의 참수를 주청한 내용으로 이루어져 있다. 권3에는 서書(3), 잡저雜著(3), 발跋(1), 제문祭文(2), 묘문墓文(1)이 수록되어 있다. 편지는 이황과 노수신에게 제례祭禮에 대해 질문한 내용이다. 잡저 가운데 「서행일기西行日記」는 1565년 7월 3일부터 8월 25일 사이에 전국의 사림들이 보우를 참수하라는 상소를 올린 과정을 날짜순으로 기록한 것이다. 권4에는 부록附錄으로 권상일權相一이 지은 행장行狀, 이준李埈이 지은 묘갈명墓碣銘, 정경세鄭經世 · 권문해權文海 · 고상안高尙顔 · 오운吳澐이 지은 만사輓詞, 김우옹이 지은 제문祭文,

이재李栽가 지은 속수서원의 봉안문奉安文, 이상정李象靖이 지은 복향문復享文 등이 수록되어 있다.

· 김우용

김우용金宇容(1538~1608)은 김희삼의 셋째 아들로 자는 정부正夫, 호는 사계沙溪이다. 천성이 굳세고 깨끗하였으며 청렴 공정하였다. 효성이 지극했으며 풍도와 재주가 뛰어났다. 사산감역四山監役과 밀양부사密陽府使를 지냈다. 정구鄭逑가 제문에서, "풍도風度와 재화才華는 세상에 짝이 없고, 덕까지 갖추시니 환하게 빛나네"라고 하였다.

제2장 동강 김우옹, 그는 누구인가?

1. 동강의 삶과 학문

동강東岡 김우옹金宇顒은 1540년 7월 2일 성주 사도실(성주군 대가면 칠봉리)에서 칠봉七峰 김희삼金希參과 청주곽씨 사이에 4남 1녀 중 막내로 태어났다. 부친은 진락당眞樂堂 김취성金就成의 문하에서 수학하여 주정함양主靜涵養의 방법을 터득하였으며 모재慕齋 김안국金安國과 하서河西 김인후金麟厚를 사우師友로 삼았다. 모친은 습독관習讀官 곽인화郭仁和의 따님으로 공손 검소하고 자애롭고 유순한 성품을 지녔다. 어린 시절부터 서책을 보면 밟거나 넘지 않고 항상 즐겁게 머리에 이고 다녔다고 한다. 이러한 양친 사이에서 태어난 동강은 어릴 때부터 자태가 수려하고 기상이 단아하였다.

동강은 글자를 알지 못할 때부터 사람들의 글 읽는 소리를 조용히 들으며 해가 져도 곁을 떠나지 않았다고 한다. 8세에 부친으로부터 글을 배우기 시작하였는데 배운 것을 종일 읽고 외우기를 그치지 않았다. 부친이 아들의 병약함을 염려하여 가르침을 중단하려 하자 그는 울면서 가르침을 청하였다고 한다.

20세 때 동강은 덕계德溪 오건吳健이 성주향교 교수로 부임해 오자 나아가 수학하였다. 동강은 자신이 학문에 뜻을 두었을 때 덕계를 만나 그의 의론議論을 듣고 의리를 닦았다고 하였다.

동강은 24세 때 남명의 외손녀(金行의 따님)인 상주김씨를 아내로 맞이하였다. 남명과 칠봉은 평소 시를 주고받으며 교유하였다. 남명은 칠봉을 학문하는 사람으로 빙옥氷玉의 지조를 지녔다고 인정하였다. 이런 교분으로 칠봉의 아들, 곧 동강을 외손서로 삼았다. 이해 겨울에 동강이 남명의 문하에 나아가 가르침을 청하자 남명은 뇌천雷天이라는 글자와 성성자惺惺子라는 방울을 주었다. 뇌천은 『주역』 대장괘大壯卦의 뜻을 취한 것으로 극기하는 강한 기상을, 성성자는 마음의 각성을 의미한다. 남명은 제자에게 입신행기立身行己와 출처진퇴出處進退의 요체를 구체적인 글귀와 사물을 통해 훈시한 것이다. 또한 동강이 마땅히 행할 바를 묻자 남명은 "상설霜雪에 견디는 송백松柏으로 너를 기대하노니 한 해가 추워지기를 기다려 너를 보존하여 시듦이 없도록 하라. 도를 행하여 반드시 죽음으로 지키고 학문을 좋아하여 오직 돈독히 믿으라"라는 가르침을 주었다.

동강은 27세 때 「천군전天君傳」을 지었다. 「천군전」은 남명의 명을 받고 지은 작품이다. 남명은 「신명사도神明舍圖」와 「신명사명神明舍銘」을 짓고 동강에게 「천군전」을 짓도록 하였다. 자신의 심학을 보완하여 명료하게 형상화할 것을 주문한 것이다. 자신의 핵심 사상인 경의敬義를 동강에게 전수한 셈이다.

동강은 남명이 작고하기 전까지 여러 차례 강석에 모시고 학문의 대의를 들었다. 특히, 동강은 남명으로부터 탁월한 식견, 굳센 지조와 기상, 사람을 감동시키는 언론, 세상을 면려하는 풍치를 배웠다고 하였다. 남명 사후 동강은 행장과 언행록을 찬술하여 스승의 생평과 언행을 정리하기도 하였다.

동강은 27세에 서울에서 퇴계를 배알하고 도통道統의 진결眞訣과 지경궁리持敬窮理의 요결을 들었다. 이후 동강은 편지로 퇴계에게 상례喪禮에 대해 질의하였다. 또한, 퇴계가 편찬한 『주서절요朱書節要』를 숙독하기도 하였으며 『성학십도聖學十圖』를 일상의 공부에 절실한 것으로 왕에게 권하기도 하였다. 이처럼 동강은 학문방법론에서 퇴계로부터 일정한 영향을 받은 것으로 보인다. 퇴계가 별세하자 동강은 성주 천곡서원川谷書院에 신위를 모시고 곡하였으며, 1573년 11월 부수찬으로 「퇴계선생의 시호를 청하는 차자」(請退溪李先生賜諡箚)를 왕에게 올리기도 하였다. 여기서 동강은 학문의 명정함, 마음의 간절함, 도덕의 성대함, 절행의 고상함을 거론하면서 퇴계에게 시호를 내려야 하는 당위성을 역설하였다.

동강은 25세 때 송대松臺에서 독서하면서 그동안 읽은 책의 내용 가운데 중요한 부분을 적은 독서록을 남겼다고 한다. 하지만 불행하게도 그 독서록의 내용은 전하지 않고 다만 책의 내용을 주제별로 분류한 항목만 전하고 있다. 심心, 도道, 학學, 치도致道, 리기理氣 등의 항목이 그것이다. 이 항목만으로는 그가 구체적으로 어떤 책을 읽었는지 단정하기는 어렵지만 이런 항목들 가운데 일부가 『성리대전性理大全』에 있는 점으로 보아 성리서性理書를 주로 읽은 것으로 추정된다. 25세 이전에 이미 성리서를 탐독하고 그 내용을 주제별로 분류한 점에서 성리학에 대한 일정한 지식을 축적한 것으로 보인다.

이러한 지식을 바탕으로 그는 젊은 시절부터 『근사록近思錄』과 『주서절요』를 탐독하였다고 한다. 『근사록』은 주자가 여조겸呂祖謙과 함께 성리학의 이론을 체계적으로 정리한 책이고, 『주서절요』는 퇴계가 주자의 핵심적인 사상을 뽑아 편찬한 책이다. 이런 책들을 통해 그는 성리학과 주자학을 체계적으로 학습하면서 학문적 기반을 구축했던 것이다. 특히 그는 『주서절요』를 잠시라도 곁에 떼어 놓지 않고 숙독하였다고 한다. 그의 학문이 주자학의 강력한 자장 안에 있게 된 배경이라 할 수 있다.

동강이 가장 주목한 분야는 주자학 가운데서도 수양론修養論

이다. 수양론은 심성을 어떻게 수양하여 실천할 것인지에 대한 논의라 할 수 있다. 그 핵심은 심학心學, 곧 마음 다스리기에 있다. 동강은 '학문의 도는 다른 게 없고 흩어진 마음을 잡는 것뿐'(學問之道, 無他, 求其放心而已)이라는 맹자의 말을 인용하면서 그 요체로 지경持敬을 제시하였다. 지경이란 경을 지키는 공부이다. 이와 같이 그의 학문의 핵심은 심학이고 심학 가운데서도 경학에 초점을 맞추고 있다.

그가 1575년 2월에 부수찬으로 재직하면서 선조에게 올린 「존심양성잠存心養性箴」에는 심心과 성性과 경敬에 대한 견해가 선명하게 제시되어 있다.

> 대개 마음은 일신의 주재이니 반드시 잡아 두어 놓지 않은 뒤에 그 바름을 얻을 것이요. 성性이란 천리이니 반드시 따라 행하여 어김이 없게 된 뒤에 그 기름을 얻을 것입니다. 그러나 마음은 본래 성을 통솔하고 또 마음은 능히 성을 다할 수 있으니 이 마음의 가운데 실로 이 성을 갖추었기에 그 마음을 보존함이 곧 그 성을 기르는 바입니다. 마음을 보존하는 도는 경에 지나지 않습니다. 경이란 동정을 꿰뚫고 표리를 통하여 항상 일심의 주재가 되어 만사의 강령을 잡는 것입니다. 그러니 경으로써 마음을 보존하면 성이 길러져 해로움이 없게 되는 것입니다.

존심양성이 성학聖學의 요체라는 점을 진언한 글이다. 동강은 마음을 일신의 주재로, 성性을 천리로 규정하고 있다. 마음이 일신의 주재이므로 성을 통솔하고 성을 다할 수 있다고 했다. 천리라는 성은 마음속에 구비되어 있다는 것이다. 이런 성을 기르기 위해서는 마음을 보존해야 한다고 했다. 존심을 통해 양성으로 나아갈 수 있다는 것이다. 그렇다면 어떤 방법으로 존심해야 하는가. 동강은 그 방법으로 경敬을 제시하고 있다. 경은 일심의 주재로 만사의 강령이 되는 것이라 규정했다. 이런 경으로써 마음을 보존하면 성이 길러진다고 했다. 존심양성의 핵심적인 방법이 경이라는 점을 강조한 것이다.

경을 실천하는 행위가 곧 지경持敬이다. 지경에는 구체적으로 몇 가지 방법이 있다. 상성성법常惺惺法(항상 마음이 깨어 있음), 주일무적主一無適(마음을 한결같이 하여 다른 데로 나아가지 않도록 함), 정제엄숙整齊嚴肅(마음을 정돈하고 엄숙하게 함), 기심수렴其心收斂(마음을 거두어들임)이 그것이다. 동강은 여러 방법을 두루 활용하여 마음을 다스렸지만 특히 상성성법에 주목하였다.

상성성법은 사양좌謝良佐가 제시한 경의 실천 방법 중의 하나이다. 주자는 이를 마음이 혼매하지 않은 상태로 풀이하였다. 그러니까 상성성은 마음이 항상 깨어 있어 맑은 상태를 뜻하는 것이다. 그렇다면 마음의 맑은 상태는 어떻게 해야 가능한가. 동강의 견해는 이러하다.

마음은 저절로 맑아질 수 없는 것이니 반드시 일용의 사이에 성찰하여 자기를 극복하고 이치를 보존한 뒤에라야 맑아지게 될 것입니다. 마음을 맑히는 것이 진실로 요긴하긴 하나 기미를 살피고(審幾) 홀로를 삼가(愼獨) 천리가 늘 보존되게 해야 마음이 곧 맑아질 수 있을 것입니다. 만약 사물을 물리쳐 끊어버려서 마음을 청정하게 하고자 한다면 이단의 학문에 빠지게 될 것입니다.

마음은 저절로 맑아지지 않는다고 했다. 그냥 되는 게 아니다. 역행, 곧 실천이 있어야 가능하다는 것이다. 자기성찰, 극기, 심기, 신독을 통해 천리를 보존해야 마음이 맑아질 수 있다는 것이다. 이런 맑은 상태가 유지되어야 마음이 항상 깨어 있을 수 있다는 것이다. 이를 동강은 「존심양성잠」에서 제시접속提撕接續이라고 표현하고 있다. 제시提撕는 흐리거나 흐트러진 마음을 깨어 있도록 하는 것이고 접속接續은 깨어 있는 마음의 상태가 끊임없이 지속되어야 함을 말한 것이다. 상성성의 구체적인 방법으로 제시된 것이다. 경 공부의 실천적 측면을 강조한 것이다. 남명이 동강에게 준 성성자는 바로 제시접속의 상징물인 셈이다. 동강의 경학은 결국 마음공부에 다름 아니다. 「존심양성잠」의 몇 구절을 소개한다.

마음을 보존하고 성을 기르지 않으면
그 기강 어떻게 정돈하리.
보존하면 잃지 않고
기르면 상하지 않네.

보존하기를 어떻게 할 것인가.
잡고서 버리지 말 것이며
기르기를 어찌할 것인가.
오직 그 일에 순응할 뿐이네.

보존하지 않으면 어찌 기르며
잡지 않고서 어찌 보존하리.
잡는 데 요령이 있으니
경이라는 한 말에 있도다.

나의 생각을 정돈하고
나의 모습을 엄숙히 하여
보고 들을 때 반드시 살피고
언동을 반드시 조심할지어다.

하늘이 내려다보시니

엄연히 대하듯 할 것이고
늘 깨어 있는 마음을
항상 나의 가슴에 둘 것이로다.

이 마음을 보존하면
성이 이에 길러지지만
일시라도 보존하지 못하면
그 성을 상실하리라.

이와 같은 동강의 지경 공부는 가학으로부터 비롯된 것이다. 그의 부친 칠봉 김희삼은 송당松堂 박영朴英으로부터 학맥을 전수받았다. 송당은 칠봉에게 제시접속을 오래하면 자연히 천리가 밝아질 것이라는 글을 보낸 적이 있는데 칠봉은 이 글을 벽에 붙여 두고 지경 공부의 요체로 삼았다고 한다. 동강 역시 이 글을 보면서 지경 공부에 주력하였던 것이다.

동강은 장구나 익히는 게 아니라 반드시 몸에 실제로 체득하여 활용해야 진정한 학문이라 말할 수 있다고 하였다. 그는 학문의 도는 고원한 것을 담론하는 데 있는 것이 아니고 오직 실상에 힘써 가장 가까운 것을 공부하는 데 달려 있을 뿐이라고 하였다. 치용致用과 실천적 학문을 강조한 것이다. 또한 학문을 종신의 사업으로 삼아 힘을 다하여 차례에 따라 나아가 한순간이라도 쉬지 않아야 공부의 효과가 드러날 것이라고 하였다. 실천적 학문을 위한 자세와 단계적 과정의 중요성을 인식한 것이다.

동강의 이러한 지경을 중심으로 한 실천적 심학의 특징은 1573년 정월 부수찬으로 재직할 때 선조에게 올린 「성학육잠聖學六箴」에 선명하게 드러나 있다. 선조가 동강에게 학문하는 요점을 개진해 줄 것을 당부하자 동강은 다음과 같은 여섯 가지 잠을 올린 바 있다. 잠箴은 곧 침鍼으로 따끔한 경계를 말한다.

> 먼저 정지定志하여 고식적이고 천속한 말에 좌우되지 마시고, 다음 강학講學으로 넓혀서 한 가지 일이나 한 가지 물건의 이치에도 밝지 못한 점이 없도록 해야 할 것입니다. 경신敬身은 천리를 보존하는 것으로 본령의 공부이고, 극기克己는 인욕을 막는 것으로 역행의 요체가 됩니다. 오직 군자를 친근히 해야(親君子) 덕성을 기를 수 있고 오직 소인을 멀리 배척해야(遠小人) 본심을 보존할 수 있습니다.

위에 제시된 여섯 가지는 제왕의 학문, 곧 성학에 절실한 것이란 단서가 붙어 있긴 하지만 학문 전반으로 확대할 수 있다. 모든 학문에 적용할 수 있는 일반론에 해당된다. 동강이 제시한 학문의 요목은 정지定志, 강학講學, 경신敬身, 극기克己, 친군자親君子, 원소인遠小人이다. 이 조목들은 일정한 체계와 순서를 지니고 있다. 곧 ① 정지-강학, ② 경신-극기, ③ 친군자-원소인으로 정리할 수 있다. ①은 학문하는 기본자세 및 조건, ②는 학문의 본령 및 역행의 요체, ③은 학문을 위한 대인 방법을 제시한 것이다.

①에서 동강은 "마음이 천군天君이 되고 뜻이 장수가 된다. 뜻이란 마음이 가는 바"라고 하였다. 그러니까 천군인 마음이 제대로 가기 위해서는 먼저 장수인 뜻을 정해야 한다는 것이다. 어떤 방법으로 뜻을 정해야 하는가. 성심으로 도를 믿어 막히지도 흔들리지도 말아야 하고, 유속에서 벗어나 천 길의 벼랑처럼 우뚝하며 굳세고 결백해야 한다고 역설하였다. 동강은 "마음이 바르면 모든 게 곧게 된다. 어찌하면 마음이 바르게 될까? 학문에서부터 밝아진다"라고 하였다. 정지의 과정을 거쳐야 비로소 강학으로 나아갈 수 있다는 것이다. 여기서 정지와 강학의 관계가 정지→강학이라는 순서에 입각해 있음을 간파할 수 있다. 그렇다면 강학하는 방법은 어떠한가? 그는 사물에 나아가 이치를 궁구하는 것, 곧 즉물궁리卽物窮理를 제시하였다. 궁리는 어떻게 해야 하는가. 경전을 익혀야 성현의 뜻을 음미하고 의리의 귀추를 탐구할 수 있으며, 역사서를 보아야 고금의 변화를 관찰하고 치란의 기미를 살필 수 있다고 했다. 그래야만 실천에 이를 수 있다. 강학의 최종 목표를 실천에 둔 것이다. 이와 같이 동강은 학문의 기본자세와 조건으로 정지와 강학을 제시하여 ②의 바탕으로 삼았던 것이다.

②에서는 학문의 요체로 경신과 극기를 제시하였다. 경신은 천리를 보존하는 공부의 본령으로 몸을 공경하는 데서 출발한다. 몸을 어떻게 공경할 것인가. 동강은 "의관은 반드시 바르게 하고 시선을 반드시 높이 하여 시청과 언동을 오직 예에 따라야 한다"라고 하였다. 경신은 고원한 곳에 있는 것이 아니라 일상생활의 가까운 데 있다는 것이다. 평소 행동을 예법에 맞게 하면 그것이 곧 경신이라는 것이다. 동강은 한순간이라도 경신하는 마음을 잃어버리면 혼미함이 심해진다고 하면서 "오직 공경만을 생각하시어 공경치 않음을 두지 마소서"라고 하였다. 심학의 요체로서 경신을 강조한 것이다. 이런 경신을 지속적으로 실천하면 덕성이 밝아지고 마음에 잡됨과 그릇됨이 사라지고 성실해져 천리를 보존하게 된다고 하였다. 경신의 효능을 밝힌 것이다. 그런데 이런 효능은 저절로 오는 게 아니다. 천리를 해치는 인욕을 막아야 가능하다. 극기가 필요한 이유가 여기에 있다. 인욕은 끝이 없어 막지 않으면 치솟아 오르는 속성을 지니고 있다. 극기복례克己復禮해야 한다. 복례가 다름 아닌 천리를 회복하는 것이다. 이런 천리의 회복은 적을 만나면 죽음을 무릅쓰고 싸우듯 치열해야 한다고 했다. 인욕이 개입되면 천리는 보존될 수 없는바 인욕의 차단에 사활을 걸어야 한다는 비장하고 결연한 의지를 드러낸 것이다.

③에서는 심학을 이루기 위한 대인관계의 중요성을 역설하

였다. 그 핵심은 군자를 가까이하고 소인을 멀리하라는 것이다. 동강은 견문이 많고 식견이 깊으며 효와 덕이 있는 사람을 군자로 규정하였다. 이런 군자는 허물을 바로잡아 주는 인물이므로 가까이하면 덕성을 닦을 수 있다고 하였다. 한편, 동강은 덕이 없고 자기 잇속만 차리는 사람을 소인으로 규정하였다. 이런 소인은 덕을 해치는 인물이므로 철저히 배격하고 멀리해야 한다고 하였다. 그러니까 결국 ③은 덕성 함양에 도움이 되는 군자와의 교제를 강조한 것이다.

이와 같이 동강은 학문의 방법과 요체 등을 여섯 가지로 간명하게 정리하였다. 여기서도 심학이 중심으로 설정되어 있다. 그 가운데서도 경신이 심학의 가장 핵심적인 방법으로 제시되어 있다. 동강은 마음을 바로잡는 방법으로 경 공부에 주력했던 것이다. 이런 주경의 강조는 경연經筵에서도 그대로 이어졌다. 선조는 경연에서도 동강이 자주 경 공부를 진언하자 경은 이제 노유老儒의 상담常談이 되었다고 그 지나침을 에둘러 지적하였다. 그럼에도 동강은 달리 방법이 없으니 경 공부를 더욱 열심히 할 것을 거듭 진언하였다. 이런 학문적 특성은 경과 의의 관계에 대한 언급에서도 드러난다. 그는 "참으로 능히 경이직내敬以直內(경으로써 마음을 바르게 함)할 수 있다면 의이방외義以方外(의로써 행동을 반듯하게 함)는 그 가운데 있다"라고 하여 경과 의를 본말本末로 파악하였다. 이쯤 되면 그의 학문은 경학敬學이라 부를 만하다.

2. 출처관과 관료로서의 행적

동강은 18세에 경상도 향시鄕試에서 양시에, 이듬해 가을에는 진사 회시會試에 합격하였으며, 28세에 문과에 급제하였다. 이러한 일련의 과거 응시는 입신출세와 같은 공명심에서 비롯된 것이 아니라 배운 바를 점검하기 위한 수단으로 이루어진 것이다. 그는 「침비부沈碑賦」에서 "진실로 군자는 스스로 즐거워하는 곳이 있으니 처음부터 공명 가운데 있는 것이 아니라네"라고 하였다. 애당초 공명에는 관심이 없었다. 공명을 이루기 위해 과거에 응시한 것이 아니라는 점이 여기서 더욱 자명해진다. 사실, 그의 과거응시는 자신의 의지보다는 집안의 강력한 권유에 의해서 이루어진 측면이 강했다. 그는 효행을 실천하는 일환으로 과거에 응시했던 것으로 보인다.

문과에 급제하자 곧이어 승문원권지부정자承文院權知副正字에 임명된다. 어떻게 할 것인가. 그는 깊은 고민에 빠진다. 과거에 급제하고 관직이 주어지면 출사하는 게 당연한 수순으로 보인다. 하지만 그는 병으로 사양하고 고향으로 돌아온다. 일부러 병을 핑계 댄 것 같지는 않다. 그는 풍담 같은 지병을 앓고 있었다. 관직을 사양한 데는 지병도 하나의 이유이긴 했지만 관직을 수행할 수 없을 정도로 위중한 상태는 아니었다. 그렇다면 그가 관직을 사양한 실질적인 이유는 무엇인가.

그는 문과 급제를 확인하고는 벼슬이 내려지기 전에 이미 고향으로 돌아갈 마음을 굳혔다. 고향으로 돌아가 부모를 봉양하는 것을 급선무로 여겼기 때문이다. 그는 귀향한 후 사도실에 동강정사를 짓고 수양할 곳으로 삼고 이때부터 동강이라는 호를 쓰기 시작하였다. 동강이라는 호는 주섭周燮의 은거 고사에서 따온 것이다. 이때까지는 아직 관직에 별다른 관심을 기울이지 않은 것으로 보인다.

고향으로 돌아온 동강은 모친 봉양에 정성을 쏟지만 29세에 모친을 여의게 된다. 탈상한 후 동강은 경륜을 펼치기 위해 관직 진출을 시도했던 것으로 보인다. 32세 되던 봄, 그는 드디어 승문원에 부임하였다. 하지만 승문원의 선배 관료들이 전례에 따라 옳지 못한 장난을 치려 하자 선비가 몸을 지키는 도리가 아니라고 여겨 평소의 뜻을 굽히지 않고 곧 사임하고 돌아왔다. 기존의 잘못된 관행을 과감하게 거부했던 것이다. 경륜을 펼치기 위해 고심 끝에 관직에 진출했지만 부당한 관행에 대한 거부의 표시로 다시 관직에서 물러났다. 그는 이때 지은 「남풍사南風辭」에서 불어오는 남풍을 쐬며 고향으로 돌아가 유유자적하려는 속내를 표출하였다. 이 글에는 승문원권지부정자를 사양하고 고향으로 돌아올 때보다 더 강렬한 은거지향의 속내가 고스란히 담겨 있다. 실제 경험을 통해 관직생활의 실상을 접했기 때문이다. 이런 일을 겪으면서 동강은 관직 진출에 대해 더욱 신중한 태도를 견지했던 것으로 보인다. 출처에 대한 고민이 깊어지기 시작하였다.

1572년 겨울에 홍문관정자弘文館正字에 선임되지만 나아가지 않았다. 아직은 관직 진출에 대한 확신을 다지지 못했기 때문으로 보인다. 1573년 8월에 선조는 다시 그를 홍문관정자로 불렀다. 그는 거듭된 왕의 부름에 신하로서의 예를 갖추기 위해 일단 조정에 나아가 다음과 같은 상소를 올린다.

> 주상 전하께서는 삼왕오제의 성덕을 추종하려 하시니 전하를 깨우치고 이끄는 책임은 모두 경연에서 모시는 신하에게 있습니다. 그러니 이러한 직책 맡기기를 마땅히 어렵게 여기고 신중히 해야 할 것이니 벼슬의 크고 작음을 막론하고 가벼이 주어서는 안 될 것입니다. 한 번이라도 혹 불행하게 적임자가 아

니라면 신은 성학聖學을 그르치고 성덕聖德을 훼손할까 크게 두려우니 그 해로움은 이루 말할 수 없을 것입니다. 천하의 일이 이보다 중대함이 없는데 오히려 조그만 벼슬이라고 하여 무릅쓰고 맡겠습니까.

위는 자신은 적임자가 아니어서 그 직책(홍문관정자)을 맡을 수 없다는 사직 상소이다. 적임자가 아니라는 말은 겸사로 읽힌다. 사직 상소의 형식을 빌려 왕의 의도를 파악하기 위해 올린 것으로 보인다. 신하는 주어진 관직이 자신의 능력에 합당한지를 엄정하게 따져 거취를 결정해야 하고, 군주는 신하의 능력을 정확하게 파악하여 적임자를 임용해야 한다는 원칙론을 말한 것이다. 이른바 인재등용의 핵심인 적재적소를 강조한 것이다. 이 상소에 선조는 비답을 내려 "그대는 반드시 왕도를 의논하는 직책에 합당하기에 이조에서 선발한 것이니 사양하지 말고 그 직분을 다하라"라고 하여 사직을 윤허하지 않았다. 공정한 절차를 거쳐 직책에 합당한 인재를 선발한 것이라는 선조의 비답에 동강은 비로소 출사의 마음을 굳히게 된다. 그는 모든 만물은 세상에 합당한 쓰임이 있다고 하였다. 그러니 만물 가운데 가장 귀한 사람은 마땅히 쓰임이 있게 마련일 터, 동강은 지금이 바로 출사해서 쓰임에 응할 때라고 여긴 듯하다. 홍문관정자는 청직淸職으로 재주와 덕행이 있는 젊은 사람 가운데 선발하는 관직이며 경연관을 겸하는 자리였다. 경연관은 군주에게 학문을 진강하고 치도를 강론하는 자리가 아닌가. 동강은 이 자리가 자신의 경륜을 펼칠 수 있는 자리로 판단하고 출사를 결심한 것으로 보인다. 드디어 동강은 홍문관정자 겸 경연관으로 관직생활을 시작하였다.

동강은 1573년 8월에 홍문관정자에 임명되어 1573년 9월 21일 경연에 처음으로 입시하였다. 이후 그는 1595년 2월 26일까지 23년에 걸쳐 총 46회의 경연에 참석하였다. 경연은 경사經史를 중심으로 군주를 교육하여 유교의 이상정치를 실현하려는 목적에서 한나라 선제 때 시작되었다. 우리나라에서는 고려 예종 11년에 청연각에서 학사 · 직학사 · 직각에게 경서를 강론하도록 한 것이 그 출발점이 되었다. 실제로는 왕권의 행사를 규제하는 기능을 수행하였다.

동강은 경연에서 『서경』(30회)과 『춘추』(10회)를 주로 진강하였다. 그는 이 두 책에 역대 군주의 치국원리와 치도가 제시되어 있다고 인식했기 때문이다. 그는 서경과 춘추에 수록되어 있는 치도와 관련된 대목을 진강하면서 여기에 자신의 견해를 덧붙여 군주가 갖추어야 할 치도를 제시하였다. 동강은 치도의 토대로 군주의 마음공부를 강조하였다.

○ 심법을 터득하여 왕도정치에 힘쓰소서.

○ 경 공부에 힘쓰소서.

○ 사물에 마음을 빼앗기지 않게 단단히 잡아야 합니다.

○ 천하의 치란은 임금의 일신에 달려 있고 일신의 득실은 마음을 잡느냐 놓느냐에 달려 있으니 정심수신하면 근본이 단정하여 말단이 다스려질 것입니다.

심법 터득은 왕도정치의 필수적인 전제조건. 이런 심법은 경 공부에 의해 터득할 수 있고 경 공부는 사물에 마음을 빼앗기지 않도록 단단히 잡는 것이다. 군주의 이런 정심과 수신의 과정에 의해 나라가 바로 설 수 있다는 것이다. 군주의 바른 마음이 치국에 얼마나 중요한가를 말한 것이다.

필부가 고요히 산림 속에 있을 때 마음의 은미함을 쉽게 제어할 수 있는 듯하다가 잠깐 놓아버리면 이미 마음에 간단이 있음을 깨닫게 됩니다. 하물며 군주는 부귀가 매우 높아 사물이 마음을 흔드는 것이 매우 많으니 만약 긴밀하고 절실하게 잡아 지켜서 항상 삼가고 두려워하는 마음을 두지 않는다면 흐트러지고 달아나 버려 수습하기 어렵습니다.

위는 필부에 비해 마음이 흔들리기 쉬운 군주의 자리에 대해 말한 것이다. 그러니 더욱 군주는 마음 다스리는 일을 무엇보다 우선해야 한다는 것이다. 군주의 마음가짐은 국가의 흥망성쇠와

직결되기 때문일 터이다. 말하자면, 군주의 바른 마음은 공동체의 선과 연결된다는 것이다. 그러니까 군주는 절실하게 사유하고 체득하여 실용적으로 베풀어야 선치에 이를 수 있다. 선치에는 여러 가지가 복합적으로 필요할 터이지만 인재등용이 관건이라 할 수 있다.

○ 정치의 도는 어진 이를 등용하는 일보다 급한 것이 없습니다.
○ 관직은 반드시 그 수를 다 채울 것이 아니라 오직 그 사람이어야 합니다.
○ 지금 널리 인재를 구하는 것보다 먼저 해야 할 일이 없습니다.
○ 소인을 멀리하고 군자를 가까이하소서.
○ 나라의 강약이 인재의 성쇠에 달려 있습니다.

동강은 정치의 급선무로 어진 인재의 등용을 진언하였다. 어진 인재는 군자를 가리킨다. 군자를 등용하여 가까이 두라는 것이다. 필요한 인재는 지역이나 당색 등을 따지지 말고 널리 구하여 적재적소에 배치해야 나라가 강해진다는 것이다. 인사가 만사라는 점을 강조한 것이다. 그러니까 어진 인재의 등용은 곧 선치를 이루기 위해서는 반드시 필요한 요목인 셈이다. 이와 같이 동강은 경연에서 군주의 마음공부와 인재등용의 중요성을 진언하면서 경연관, 곧 관료로서의 책무를 성실히 수행하였다.

또한 동강은 여러 관직(홍문관 수찬, 부교리, 이조좌랑, 의정부사인, 부응교, 홍문관직제학, 성균관대사성, 전라도관찰사, 이조참판, 형조참판, 안동대도호부사, 한성부좌윤, 사헌부대사헌, 예조참판, 부제학, 부호군)을 거치면서 치도에 대한 자신의 견해를 지속적으로 상소하였다. 관료생활 중에 올린 상소 가운데 100여 편이 문집에 수록되어 있다. 그 가운데 치도의 원론에 해당하는 몇 가지를 우선 들어 본다.

- 언로를 열어 신하의 간언을 가납하소서.
- 목민관으로 하여금 백성의 고통을 살피도록 하소서.
- 나라의 경비를 절약하여 검소한 덕을 숭상하는 풍토를 조성하소서.
- 상벌을 엄격하게 하소서.

언로를 확대하여 신하의 간언을 적극적으로 수용해야 함, 목민관들이 자신의 책무를 성실히 수행하도록 철저히 감독해야 함, 절약을 솔선수범하여 검소한 풍토를 조성해야 함, 신상필벌을 엄격히 시행해야 함. 이 모두가 선치를 위해 군주가 반드시 실행해야 할 기본적인 조목들이다.

특히, 그는 시급히 해결해야 할 국가의 현안에 대한 구체적인 방안을 시무時務 또는 요무要務라는 제목으로 여러 차례 상소한 바 있다. 「중홍시무칠조」(1594년 10월), 「시무십육조」(1596년 2월),

「중흥요무팔조中興要務八條」(1597년 8월) 등이 그것이다.

○ 대신을 선임하는 일(選任大臣)

○ 동궁을 보양하는 일(保養東宮)

○ 원통한 사람을 신원해 주는 일(伸寃枉)

○ 국법을 바로잡는 일(正王法)

○ 널리 인재를 모으는 일(廣收人才)

○ 유민을 보호하는 일(保合遺民)

○ 군정을 밝히는 일(修明軍政)

위는 1594년 10월에 올린 「중흥시무칠조」의 조목들이다. 임진왜란이 일어난 지 2년. 전란으로 국가의 기반이 온통 흔들리던 시기였다. 총체적인 난국을 타개하고 다시 나라의 기반을 굳건히 다지는 데 절실한 시무책을 진언한 것이다. 1596년 2월에 올린 「시무십육조」는 전란에 대비하는 방법, 전란 후 민심을 수습하는 방안을 구체적으로 진언하였다. 1597년 8월에 올린 「중흥요무팔조」 역시 전란에 대비하는 방안을 주로 진언하였다. 동강은 관료로 재직하면서 국가의 상황을 한 치의 소홀함도 없이 예의 주시하였다. 이처럼 예리하고 적확한 현실인식을 지니고 있었기에 즉각적으로 이와 같은 시무책을 올릴 수 있었던 것이다. 그의 시무책은 오랜 국정 경험을 통해 축적된 것으로 즉흥적으로 나온 게 아니라는 점이 여기서도 거듭 확인된다.

한편, 동강은 군자에 의한 도학정치를 강조하였다. 도학정치는 요순우탕堯舜禹湯으로 상징되는 삼대와 같은 유학적 이상세계를 구현하는 것으로, 이것을 실현하기 위해 군자를 주체로 내세운 것이다. 소인으로 규정한 척신이나 권간의 정치 참여를 원천적으로 봉쇄하여 군자의 정치적 기반을 튼실하게 구축하기 위한 것이다. 그는 군자의 입장에서 생산적인 붕당은 인정했지만 소모적인 당쟁은 종식시켜야 한다고 하였다. 그 방안으로 시비에 대한 분변을 제시하였다.

> 옳은 것을 옳은 것으로 돌리고 그른 것을 그른 것으로 돌려서 하나는 그르다 하고 하나는 바르다 하여 누르고 올림이 마땅하고 좋아하고 미워함이 명백하게 되면 조정이 바르게 되는 것입니다. 그런데 지금 조정의 논의에 이른바 무마하고 안정시킨다는 것이 행해진 지 십 년이 되도록 끝내 효과를 이루지 못하고 도리어 무궁한 해만 양성하였으니 그 까닭은 어째서입니까. 왕정이 거행되지 않고 시비가 그 자리를 얻지 못한 까닭입니다.

그는 양시양비론兩是兩非論은 오히려 당쟁의 격화를 초래할 뿐이라고 진단하였다. 어설픈 화해나 조정은 오히려 사태를 악

화시킬 수 있다. 시시비비를 명확히 가려 선악을 드러내는 것이 국정을 바로 세울 수 있는 방법이라는 것이다. 이는 편을 가르는 것이 아니다. 옳고 그름이 명확해야 정치가 제자리를 잡을 수 있다. 화합은 시비에 대한 명확한 분변이 전제되어야 진정성을 지닐 수 있다.

3. 동강의 저술

동강의 저술로는 문집인 『동강집東岡集』과 『속자치통감강목續資治通鑑綱目』이 남아 있다. 『독서차기讀書箚記』와 『예의답문禮疑答問』은 전하지 않는다.

지금 남아 있는 『동강집』은 1755년 청천서원에서 간행한 보각본補刻本(晴川書院本)과 1906년 의령宜寧 이의정二宜亭에서 간행한 중간본重刊本(龍岡書堂本)이다. 보각본은 원집 17권, 보유 1권, 부록 1권, 총 19권 6책으로, 중간본은 원집 17권, 부록 4권, 총 11책으로 이루어져 있다.

이 밖에 유집遺集과 별집別集이 있는데 문집 편찬 때 누락된 글을 모아 둔 것이다. 유집에는 부賦 1편, 시詩 3수, 교서敎書 2편,

품지稟旨 2편, 계사啓辭 2편, 서書 4통, 서敍 1편이 실려 있으며 별집에는 일기, 필화, 독서록이 실려 있다.

동강이 지은 글은 대부분 원집(17권)에 수록되어 있다. 중간본 원집의 편차와 수록된 글의 편수를 제시하면 다음과 같다.

중간본 원집(17권)

권1: 시 51제 60수, 사詞 2편(南風辭, 黃華詞), 부賦 3편(沈碑賦, 擁腫木賦, 鏡無見疵之失賦)

권2~권5: 소疏 46편

권6~권9: 차箚 39편, 계사啓辭 9편

권10: 계啓 14편, 헌의獻議 1편, 사의私議 1편, 교서敎書 1편, 전지傳旨 1편, 전箋 1편

권11~권14: 경연강의經筵講義

권15: 잠 2편(聖學六箴, 存心養性箴)

권16: 서書 16편, 잡저雜著 2편(天君傳, 文章指南跋), 제문 8편

권17: 비지碑誌 2편, 행장行狀 2편, 유사遺事 1편

위의 표를 통해 『동강집』의 몇 가지 양상과 성격을 확인할 수 있다.

첫째, 『동강집』에는 공적이고 실용적인 글(소, 차, 계사, 계, 헌의 등), 곧 신하로서 군주에게 올린 글이 권2에서 권10까지 아홉 권

에 걸쳐 100여 편이나 수록되어 있다. 문집 속에서 압도적인 비중을 차지하고 있다. 소는 대부분 사직소이다. 동강은 홍문관정자를 시작으로 부수찬 · 수찬 · 부교리 · 부응교 · 직제학 · 대사성 · 부제학 · 전라감사 · 이조참판 · 병조참판 · 대사헌 등 관직이 내릴 때마다 어김없이 사직을 청하는 상소를 올렸다. 사직의 이유로 자신은 해당 관직의 적임자가 아니라는 점을 들고 있다. 겸사의 언표로 보인다. 동강이 사직소를 통해 강조한 것은 인재등용의 문제라 할 수 있다. 적재적소를 역설적으로 강조하기 위해 사직소라는 형식을 차용한 것이다. 차, 계, 계사 등에서는 주로 군주의 치도와 현안 문제에 대한 방안이 제시되어 있다. 치도의 기본 전제로서 군주의 심학 공부가 강조되고, 치도의 핵심으로 인재등용, 언로개방 등이 제시되어 있다. 아울러 날카로운 현실인식을 바탕으로 현안에 대한 구체적인 방안이 시무책의 형식으로 제시되어 있다. 이런 글들에는 동강의 관료로서의 행적과 생각(정치관)이 잘 드러나 있다.

둘째, 독립된 편명으로 수록된 「경연강의」이다. 권11에서 권14까지 네 권에 걸쳐 문집에 수록되어 있다. 동강은 1573년 9월 21일 경연에 처음으로 입시한 후 1595년 2월 26일까지 23년에 걸쳐 총 46회의 경연에 참석하였다. 「경연강의」는 바로 이 기간 동안 동강이 경연에서 진강한 내용을 수록하고 있다. 경연은 군주를 성군으로 만들기 위한 성학을 강의하는 자리이다. 「경연강의」에는 성학의 핵심으로 심학이 강조되어 있다. 동강 학문의 요체인 심학의 성격이 자세하게 드러나 있다. 아울러 심학에 바탕을 둔 치도의 원리도 함께 제시되어 있다. 여기서 동강의 관료 및 학자적 면모를 선명하게 읽어 낼 수 있다.

셋째, 시, 사부, 소설 등의 문학작품이다. 이들 작품은 실용문에 비해 상대적으로 편수가 적긴 하지만, 높은 수준의 문학성을 지니고 있다. 동우창목東愚蒼木이라 하여 동강이 우복愚伏 정경세鄭經世, 창석蒼石 이준李埈, 목재木齋 홍여하洪汝河와 함께 영남의 사대문장으로 불린 점에서 이들 문학작품은 주목할 필요가 있다.

문집 이외 동강의 저술로는 『속자치통감강목續資治通鑑綱目』이 있다. 이 책은 동강이 기축옥사에 연루되어 회령으로 유배된 1590년부터 1592년 사이에 편찬한 역사서로, 주자의 『자치통감강목』을 계승하였다. 『속자치통감강목』은 『자치통감강목』의 체재와 필법을 충실히 이어받은 책이다. 동강의 역사인식, 곧 춘추의리정신이 반영되어 있다. 송 태조 원년(960)부터 원 순제를 거쳐 명 태조 원년(1368)에 이르기까지 408년간의 역사를 서술한 것이다. 정심正心의 역사 인식이 도드라져 있다.

4. 동강의 문학

동강은 학자와 관료로서의 면모가 강하다. 문집에 수록되어 있는 글을 통해서도 이런 점은 쉽게 확인된다. 그렇긴 하지만 동강이 동우창목東愚蒼木, 곧 중고中古의 영남 사대 문장가의 한 사람으로 불린 데서 그의 문인으로서의 면모를 간과할 수 없다.

정구鄭逑는 동강의 문장은 정밀하고 절실하고 넓고 활달한 풍격을 지녔다고 하였고, 이현일李玄逸은 동강의 문장에서 맑고 순수하고 바르고 곧은 기상이 느껴진다고 평가하였다. 동강 문학이 지닌 특징과 성취를 지적한바 당대나 후대에 동강의 문학은 높은 평가를 받은 것이다. 이런 평가를 염두에 두고 그의 문인으로서의 면모를 살펴보기로 한다.

1) 시세계

동강의 시는 63수 정도 남아 있다. 동강정사와 고반정사의 화재로 소실된 시편도 일부 있겠지만 평소 시를 많이 짓지 않았던 것 같다. 스승 남명의 영향이 일정하게 작용한 것으로 보인다. 남명은 "작시에 빠지면 자신의 심지를 잃게 된다"(玩物喪志)고 시작의 병폐를 지적한 바 있다. 동강 역시 시작에 빠져 뜻을 빼앗기지는 않았다. 다만 자신의 가치관이나 사상을 효과적으로 표현하는 수단으로 시작을 제한적으로 활용했던 것으로 보인다.

이현일은 동강의 시에 대해 "모두 맑고 평안하고 여유롭고 정성스럽고 절실하고 밝아, 화려하고 공교工巧하고 부화浮華하고 농염濃艶한 모습이 전혀 없으니 참으로 이른바 중화中和의 발현이고 덕이 있는 자의 말"이라고 평가하였다. 동강의 시에는 맑음·평안함·여유로움·정성스러움·밝음이 있고 화려·공교·부화·농염은 없다는 것이다. 전자는 내용의 충실함에서 비롯된 정서나 느낌이라면 후자는 형식만을 지나치게 다듬을 때 빚어지는 현상들이다. 이 둘은 대립적이어서 서로 양립할 수 없다. 동강은 당연히 전자를 취하고 후자를 물리쳤다. 그는 평소 아름답게 겉만 꾸미는 글을 배격하고 이런 글을 짓는 자들을 조충소유彫蟲小儒라고 비난하였다. 아름다운 글은 바른 마음에서 나오는 것이지 겉을 꾸민다고 되는 게 아니라는 생각이다. 동강이 경연에서

소동파의 글을 비판한 것도 이와 관련이 있다. 소동파의 글은 바른 마음에서 이루어진 것이 아니기에 도를 아는 군자는 그의 글을 보려 하지 않는다고 하였다. 바른 마음이 전제되지 않고는 글에 진정성 있는 내용을 담을 수 없다는 것이다. 내용은 다름 아닌 유학의 도이다. 동강이 특별히 주목한 것은 심성수양으로서의 도이다. 이현일이 동강의 시를 한마디로 중화의 발현이라고 총평한 것도 이와 같은 연장선에 있다. 동강은 바른 마음을 지닌 덕이 있는 자이므로 그의 시가 마침내 중화를 드러낸 것으로 파악한 것이다. 중화는 치우침과 어긋남이 없는 도를 말한다. 몇 편의 시를 감상해 보기로 한다.

문에 드니 금서가 고요하고 入户琴書靜
문을 나서니 호해가 깊구나. 出門湖海深
솔바람이 야복에 불어오니 松風吹野服
그윽히 홀로 회포를 펴기에 좋아라. 幽獨好開襟

위의 시는 문집 제일 첫머리에 실려 있는 「즉사卽事」라는 작품이다. 즉사는 자연과의 교감을 다룬 것이다. 문 안으로 들어와서는 거문고와 책을 통해 고요한 마음에 이르고, 문밖으로 나와서는 호수와 바다를 보면서 자신의 내면을 심화시킨다. 평소 즐기고 좋아하던 대상을 통해 내면의 고요와 깊이를 더하려 한 것이리라. 이런 것이 바로 도를 탐구하는 마음(道心)이다. 일상에서 비롯된 도심이다. 도는 멀리 있는 게 아니라 바로 일상 속에 있다. 자연 속에서 유유자적하는 삶이 바로 일상에서의 도심이 아니겠는가. 이런 도심이 바로 치우침과 어긋남이 없는 중화라 할 수 있다.

도심엔 망령된 생각이 없고	道腸無妄想
속진의 밖에 맑고 참됨을 얻었네.	塵外得淸眞
돌은 깨끗하여 갈수록 아름답고	石潔行行勝
샘은 맑아 굽이마다 새롭네.	泉淸曲曲新

위의 시(「西溪唱酬」)는 1566년 한여름 함양군에 있는 서계를 유람하고 쓴 시 가운데 일부이다. 서계는 숲과 골짜기가 깊고 돌이 깨끗하고 샘물이 맑은 곳이다. 이런 아름다운 자연을 완상하며 심성을 수양하여 망령된 생각을 지워 버리고 마침내 청진의 도심을 얻게 된 기쁨을 노래한 것이다. 그래서 동강은 서계 유람을 청유라 표현하였다. 도심으로 바라본 돌과 샘은 더욱 아름답고 새롭게 다가왔을 터이다. 자연과의 교감이 심성을 청진한 경지로 이끈 셈이다. 여기에도 중화의 도심이 자리 잡고 있다.

사흘 동안 양류의 바람결에 지팡이 끌고	三日笻枝楊柳風

연하의 경치 곳곳마다 속진의 인연 다했네. 煙霞隨處俗緣空
가다가 머물고 때로는 담소하면서 時行時住時談笑
오래도록 냇물 소리 산 빛 가운데 있다네. 長在川聲山色中

위의 「숙탄지촌宿炭枝村」은 일상에서 얻은 달관의 경지를 평이한 시어로 노래한 것이다. 바람 따라 발길 닿는 대로 가다가 자연의 승경을 만난다. 속세에서 만난 속세 밖의 세상. 마침내 냇물 소리 산 빛 가운데 있음을 깨닫는다. 이와 같이 승경 탐방과 관조를 거쳐 달관의 경지에 이른다. 도를 탐구하는 선비에게 승경 탐방은 특별한 것이 아니라 일상이다. 일상에서 얻은 것이라 오히려 특별할 수 있다. 일상과 달관이 분리되어 있지 않고 서로 긴밀하게 접속되어 있는 셈이다. 달관 역시 중화의 바탕 위에서 이를 수 있는 경지라 할 수 있다.

중화의 도심은 심성수양에만 머무르지 않고 사리의 합당함을 추구하는 방향으로 확산되어 나타난다. 현상의 잘못을 지적하거나 합리적인 대안을 제시하는 것이 그런 경우에 속한다.

종묘가 잿더미로 변하고 七廟化灰燼
서울이 적의 손에 들어갔네. 京邑付賊手
임금의 수레는 어디로 향하는지 玉輅向何許
공경들은 풀숲에 떨어져 숨었네. 公卿落草莽

누가 화란의 실마리를 만들어	誰生禍亂階
도적을 불러일으켰던가.	致寇招戎醜
……	……
답답한 가슴을 누구에게 호소하리	腷臆誰與訴
쓰라린 심정에 피를 토하고자 하네.	辛酸血欲嘔
언젠가 고인의 훈계를 들으니	嘗聞古人訓
생선을 버리고 웅장을 취한다 하였네.	魚舍熊掌取
바람 부는 처마 아래서 주자의 글을 펼치니	風簷展朱書
도리가 심장과 팔꿈치를 관통하네.	道理貫心肘

위의 「임진오월문왜적대거입구경성불수壬辰五月聞倭賊大擧入寇京城不守」는 1592년 5월 왜적이 대거 침입하여 서울을 지키지 못했다는 소식을 듣고 회령의 유배지에서 쓴 작품이다. 임진왜란의 발발. 조정에 득실거리던 관료들은 종묘와 사직을 버리고 모두 어디로 갔단 말인가. 이 전란을 초래한 데 일정한 책임이 있는 조정의 관료들은 풀숲에 숨어 일신의 안전만을 돌보고 있음을 질타한 것이다. 동강 역시 이런 책임에서 자유로울 수 없었다. 누구에게도 호소할 길 없으니 가슴은 쓰라리고 피를 토할 듯, 그 답답하고 참담한 심정이 어떠했을까. 그러니 관료들에 대한 질타는 기실 자신에 대한 통렬한 비판인 셈이다. 그러나 잘못을 지적하는 데 그쳐서는 문제가 해결되지 않는다. 여기서 동강은 맹자

의 훈계를 떠올린다. 맹자는 「고자상」에서 "어물도 내가 원하는 것이고 웅장도 내가 원하는 것이지만 이 두 가지를 겸하여 얻을 수 없다면 어물을 버리고 웅장을 취하겠다. 삶도 내가 원하는 것이고 의도 내가 원하는 것이지만 이 두 가지를 겸하여 얻을 수 없다면 삶을 버리고 의를 취하겠다"라고 하였다. 그 핵심은 사생취의捨生取義에 있다. 동강은 이러한 맹자의 사생취의의 가르침을 받들어, 왜적에 결사항전하여 신하로서의 책무를 다하겠다는 결연한 의지를 표명한 것이다. 아울러 동강은 전란 중에도 주서를 읽으며 유자로서의 의리정신을 다지고 있다. 신하로서의 책무와 유자로서의 의리정신은 우국충정에 다름 아니다. 그리하여 그는 '나라에 보답하려는 마음으로 늙어 갔고 시국을 걱정함에 흰머리가 새로 돋아나기도 했던'(報國丹心老, 憂時素髮新) 것이다. 그의 우국시는 이런 과정에서 지어진 것으로 보인다.

특히, 동강은 우국충정을 실천한 인물들에 각별한 관심을 기울였다. 그는 우국시를 통해 이들의 행적을 형상화하였다.

임진강에서 전사한 유경선이여!
능란한 모책에 사졸을 사랑하는 어른다움이 있었네.
일신을 잊고 용기를 떨치니 양무적이었고
장중한 덕으로 군대를 온전히 하니 조호강이었지.
만절을 지키던 당시에는 의로운 기골임을 알겠고

비가를 불렀던 전날에는 씩씩한 기개임을 보겠네.
위태한 시국에 홀연히 기남자를 잃으니
강개한 마음에 쏟아지는 눈물 견디기 어렵네.

戰死臨津劉景善　能謀愛士丈人行
忘身奮勇楊無敵　持重全軍趙護羌
晩節當年知義骨　悲歌昔日見雄腸
時危忽失奇男子　慷慨難禁涕泗滂

위 시(「端州路上聞劉將軍克良戰死臨津援筆涕下」)의 주인공은 1592년 6월 임진강전투에서 장렬히 전사한 유극량劉克良이다. 이때 유극량은 방어사 신할申硈의 부장으로 있었는데 무리하게 임진강을 건너지 말 것을 신할에게 건의하였다. 그의 건의를 무시한 신할은 결국 패전하였다. 동강은 회령 유배지에서 유극량을 만나 교분을 맺어 그의 무용을 익히 알고 있었다. 유극량은 용맹함, 장중한 덕, 의로운 기상, 씩씩한 기개를 지닌 기남자, 곧 송나라 장군 양업楊業과 한나라 장군 조충국趙充國에 견줄 만한 장수였다. 이런 유능한 장수를 잃은 데 대한 비분강개함이 이 시에 도드라져 있다. 유극량의 죽음은 곧 국가적 손실이라는 인식에서 이런 비분강개함이 촉발된 것이다.

나의 벗은 서생으로　　　　吾友一書生

충의가 심장을 꿰뚫었네.	忠義貫心腸
뜻을 떨쳐 외로운 성을 굳게 지키니	奮志嬰孤墉
군사에게 맹세함이 얼마나 강개했던가.	誓士何慨慷
지극한 정성에 감동되어	忱誠所感動
남녀 백성들이 창과 도끼를 다듬었네.	士女修矛斨
장절은 미련하고 유약한 이를 일으키고	壯節立頑懦
의기는 강상을 부지하였네.	義氣扶綱常
……	……
빛나는 해가 남은 충절을 비추니	皎日照餘衷
맑은 바람은 만고에 길이 부네.	清風萬古長
……	……
이 늙은이의 마음이 찢어지고자 함에	老夫心欲裂
눈물을 섞어 새로 만사를 쓰노라.	和淚寫新章

위 시(「挽郭養靜䞭」)는 정유재란 때 황석산성을 지키다가 전사한 곽준郭䞭(1551~1597)을 추모하여 지은 만시 가운데 일부이다. 황석산성은 전략적 요충지였다. 그런데도 왜적의 침입에 관군은 퇴각하여 황석산성은 고립무원에 처하게 되었다. 이때 곽준은 조종도趙宗道와 함께 항전하다가 순국하였으며 그의 두 아들도 순국하였다. 뜨거운 충의, 강개한 맹세, 지극한 정성, 씩씩한 의

기 등 곽준의 충절이 오롯이 형상화되어 있다. 이런 충절지장의 전사 소식을 듣고 동강은 찢어지는 심정으로 이 만시를 지은 것이다. 동강은 곽준에게 강토를 지키는 신하는 맡은 봉지封地와 함께 죽어야 한다고 충고한 적이 있었다. 그 충고는 정당한 것이긴 하지만 이런 충고가 그의 죽음에 일정한 영향을 끼쳤을 수도 있었을 터이다. 이것이 곽준의 죽음에 따른 비장감이 더욱 고조된 이유 가운데 하나일지도 모른다.

유능한 장수의 죽음은 곧바로 국가의 손실로 이어진다. 유극량과 곽준의 죽음에 따른 동강의 비분은 여기서 비롯된 것이다. 그러니 그 비분 속에는 우국의 심정이 절절이 담겨 있는 것이다. 이런 마음이 국난을 극복할 인물의 도래를 고대하는 바람으로 표출된 것이다. "어찌하면 술잔을 들어 소하蕭何를 부를 수 있으리?" 그렇다. 동강은 임진왜란, 정유재란 등의 국난을 타개할 소하 같은 인물의 도래를 갈망한 것이다.

동강은 본질과 현상을 정확히 인식하고 이를 도학시와 우국시를 통해 평이하고 간명하게 형상화하였다. 도학시에서는 자연과의 교감을 통한 심성수양과 도심의 터득을, 우국시에서는 현실에 대한 정확한 인식을 바탕으로 순국지장殉國之將의 충절을 비장감 넘치게 노래하였다. 도학시가 중화中和의 수렴이라면 우국시는 중화의 확신이라 할 수 있다. 그러니 도학시와 우국시의 기저에 중화가 자리 잡고 있는 셈이다.

2) 소설 – 「천군전」

조선시대 유학자들은 대체로 소설에 대해 부정적인 인식을 지니고 있었다. 소설이 음란함을 조장하거나 역사를 왜곡한다고 파악했기 때문이다. 그런데 동강은 「천군전天君傳」이라는 소설을 창작하였다. 「천군전」은 우리가 흔히 알고 있는 고소설에 비해서는 매우 특이한 유형으로 천군소설이라 한다. 천군소설은 심성을 의인화한 소설로 천군(心의 의인화)을 중심으로 충신형 인물(四端의 의인화)과 간신형 인물(七情의 의인화)이 대립과 갈등을 벌이다가 충신형 인물이 승리를 거둠으로써 천군이 제자리를 회복하는 과정을 다룬 소설이다. 심학의 심통성정心統性情을 소설로 형상화한 것이다. 추상적인 심학을 소설로 구체화시킨 것이다. 말하자면 의인이라는 문학적 기법으로 심학의 주요 개념을 인격화하여 소설 속의 인물로 등장시킨 것이다. 이런 특징을 지닌 천군소설의 첫 작품이 바로 「천군전」이다.

동강은 27세 때 스승인 남명의 뜻을 받들어 「천군전」을 창작하였다. 남명은 「신명사명神明舍銘」과 「신명사도神明舍圖」를 짓고는 제자 동강에게 이를 바탕으로 「천군전」을 짓게 하였다. 자신의 심학을 소설이란 형식을 빌려 보다 구체화시키도록 한 것이다. 자신의 핵심 사상을 동강에게 전하려는 의도가 강하게 작용한 것으로 판단된다.

남명은 「신명사명」에서 "태일진군太一眞君이 명당에서 정사를 편다. 안에서는 총재冢宰가 관장하고, 밖에서는 백규百揆가 살핀다"라고 하였다. 마음의 작용을 국가의 통치에 비유한 것이다. 신명사는 마음의 집이고 태일진군은 바로 그 집의 주인, 곧 마음을 가리킨다. 동강은 「천군전」에서 마음을 천군이라 하였다. 곧 천군이 신명사의 주인인 셈이다. 「신명사명」에서는 내정을 총괄하는 총재로 경敬을, 외정을 총괄하는 인물로 백규를 등장시키고 있다. 이런 인물은 「천군전」에서도 총재 경과 백규 의義로 이어진다. 우선 「천군전」의 줄거리를 살펴본다.

① 건원제乾元帝가 곤륜산 아래 유인국을 맏아들에게 맡기니 백성들이 그를 천군(初名 理, 改名 心)이라 불렀다.

② 천군은 태재太宰 경敬을 가슴(腔子)속에 살게 하여 궁부를 엄숙하게 하고 백규百揆 의義에게는 태재 경과 협력하여 직무에 순응하도록 명하였다.

③ 두 재상이 협력하여 정사를 도모하니 모든 신하들이 화합하여 나라가 잘 다스려지고 강성하게 되었다.

④ 천군이 미행을 좋아하여 자주 행방이 묘연해지자 태재 경이 간언하였다.

⑤ 간신인 공자 해懈와 공손 오傲 등이 태재 경을 내쫓자 백규 의도 떠나 버렸다.

⑥ 천군이 혼미해지자 요적妖賊 화독華督이 난을 일으켜 흉해胸海를 습격하여 쉽게 성에 들어왔다.

⑦ 천군의 군사가 영대靈臺에서 패하자 적의 괴수 유척柳跖이 스스로 왕이 되어 방촌대方寸臺에 살았다.

⑧ 천군이 나라를 잃자 공자 양良만이 뒤따르며 천군을 깨우쳤다.

⑨ 천군이 잘못을 깨닫고 군사를 모으니 태재 경이 돌아와 천군의 자리를 되찾게 하였다.

⑩ 천군이 궁궐로 돌아오니 대장군 극기克己와 공자 지志가 적을 물리쳤다.

⑪ 천군이 신명전에 자리를 잡자 백규 의가 돌아와 태재 경과 나라를 잘 다스렸다.

⑫ 천군의 나라가 평안하고 태평하게 되었다.

⑬ 천군은 재위한 지 백 년이 되자 건원제의 조정에 배알하고 돌아오지 않았다.

이 작품은 마음의 안정–혼란–회복의 과정을 형상화한 것이다. 마음의 안정을 위해서는 경과 의가 반드시 필요하다. 경은 안을 바르게 하고 의는 밖을 반듯하게 하기 때문이다. 이 둘이 서로 협력할 때 마음은 굳건하게 자리 잡을 수 있다. 그런데 마음은 달아나려는 속성을 지니고 있다. 이런 마음이 싹트면 걷잡을 수 없이 흔들리고 혼미한 상태에 빠지게 된다. 이때 기다렸다는 듯이 게으름이나 오만함 등과 같은 못된 마음이 기승을 부리며 달려온다. 내 안의 적뿐만이 아니라 화독과 유척 같은 외부의 적도 득달같이 달려든다. 어떻게 해야 하는가. 초심으로 돌아가야 한다. 그러기 위해서는 먼저 경으로 달아난 마음을 다잡아야 한다. 경이 돌아오면 의는 따라온다. 그러면 경과 의가 처음처럼 다시 손을 맞잡게 되고 마음은 혼란을 극복하고 원래의 자리로 돌아온다. 「천군전」은 바로 마음이 혼란을 극복하고 마침내 다시 안정을 되찾는 과정을 통해 존심의 중요성을 강조한 작품이다. 특히 그 과정에서 경의 역할을 부각시키고 있다.

> 내가 보건대 천군의 임금 됨은 태재 경의 보좌 덕분이로다. 나라가 잘 다스려지는 것은 경을 재상으로 삼았기 때문이고 나라가 어지러워진 것은 경을 떠나보냈기 때문이며 천군이 나라 안으로 들어올 수 있었던 것은 경을 재상 자리에 도로 앉혔기 때문이다. 천군이 상제를 짝할 수 있었던 것도 경 때문이고 만방을 통솔할 수 있었던 것도 경 때문이었으니 첫째도 경이요 둘째도 경이다. 아! 한 재상을 얻으면 흥하고 한 재상을 잃으면 망하나니 임금이 누구를 재상으로 삼을지에 대해 신중하지 않아서야 되겠는가.

위는 「천군전」의 끝에 첨부되어 있는 동강의 논평이다. 마음의 안정에 경의 역할이 지대함을 거듭 강조한 것이다. 소설 속 서사에서도 경의 중요성이 언급되고 있긴 하지만 의와의 협력관계 속에서 혹시라도 경의 역할이 약하게 비쳐질까 우려하여 작가가 논평에서 총괄적으로 경의 중요성을 역설한 것이다. 동강 심학의 핵심이 경학이라는 점이 이 작품에서도 거듭 확인된다. 「천군전」은 자신이 추구하는 학문의 핵심을 소설이라는 양식을 통해 구체적이고 흥미롭게 형상화한 점에서 주목되는 작품이다. 유학자들이 소설에 가까이 다가갈 수 있는 계기를 마련한 점에서도 이 작품은 일정한 의의를 지닌다. 「천군전」의 영향으로 임제林悌의 「수성지愁城誌」, 정태제鄭泰齊의 「천군연의天君演義」, 임영林泳의 「의승기義勝記」, 정기화鄭琦和의 「천군본기天君本紀」, 류치구柳致球의 「천군실록天君實錄」 등이 창작되었다.

5. 향기로 남은 동강의 유적

1) 동강대(동강정사)

동강대는 칠봉리 마을 앞 들녘에 있다. 동강정사는 원래 그 위에 있었던 건축물이다.

동강은 1567년 문과에 급제하고 승문원권지부정자에 제수되지만 병으로 사양하고 고향으로 내려온다. 이때 그는 사월곡 동남쪽 동강대 위에 동강정사를 세우고 머물러 수양할 곳으로 삼았다. 동강대와 동강정사는 산을 등지고 들에 임하여 물이 가장자리를 따라 흘러가는 곳에 자리 잡은 승경지였다. 이때부터 김우옹은 직봉 대신에 동강이라는 호를 쓰기 시작하였다. 동강이

동강대

라는 호는 주섭周燮의 고사에서 따온 것이다. 후한의 주섭이 벼슬길에 나아가지 않자 그의 종친들은 "선조들은 모두 벼슬길에 나아갔는데 그대만 어찌 동쪽 산비탈(동강)만 지키고 있는가"라고 하면서 출사를 종용하였지만, 주섭은 끝내 벼슬길에 나아가지 않고 동쪽 산비탈에 물러나 있었다고 한다. 이처럼 김우옹이 동강을 자호로 삼은 데는 벼슬에 나아가지 않고 물러나 심신을 수양하려는 뜻이 담겨 있었다.

동강정사는 임진왜란 때 병화에 수천 권의 장서와 함께 불타 버렸다. 그 후 동강의 손자인 사월당沙月堂 김욱金頊에 의해 다시 세워지고 5대손 월강月岡 김남수金南粹에 의해 수리되었다. 그렇지만 자손들이 여러 곳으로 흩어지고 가세가 기울어져 관리되지 못하고 100여 년 정도 방치된 나머지 터만 남게 되었다. 이를 안타깝게 여긴 청천서원 유림들의 발의로 1915년경에 중건되었다. 이때 중건된 동강정사는 원래의 위치, 곧 동강대 위가 아니라 지금의 청천서원 터에 세워졌다. 중건된 동강정사는 후손 김영의 증언에 의하면 1955년경 화재로 소실되었다고 한다. 지금 동강대 위, 청천서원 어디에서도 동강정사의 흔적을 찾기 어렵다. 원래 동강정사가 있었던 자리에는 동강대만, 중건된 동강정사가 있었던 자리에는 청천서원만 남아 말없이 동강종택을 마주보고 있다. 잡목과 잡초를 헤치고 야트막한 언덕을 오르자 제법 너른 평지가 나타났다. 동강대라 새겨진 돌 하나가 반갑게 답사객을 맞이한다. 그것뿐이다. 사라진 것에 대한 아쉬움이 끝내 사라지지 않았다.

동강은 동강대 위 동강정사에서 어떤 삶을 살았을까. 다행히도 장석영張錫英이 지은 「동강정사중건기」가 남아 있어 그 편린을 살필 수 있다. 반갑고 고마운 글이다.

> 처음에 고향으로 돌아와 한가로이 지내면서 고요히 함양涵養하여 사우師友들 사이에서 절차탁마切磋琢磨하기를 구하였

다.…… 강대岡臺 가운데서 진실로 학문을 쌓고 실천에 힘쓰기를 오래하여 천성千聖의 지결旨訣을 연구하고 천하天下의 의리를 강론講論하여 안으로 쌓여서 도덕이 되고 밖으로 발휘하여 사업이 되었던 것이다.

동강에게 동강정사에서의 삶은 매우 소중한 시간이었다. 그는 여기서 심성을 함양하고 도를 절차탁마하는 등 자신을 수양하고 학문을 온축할 수 있었기 때문이다. 이것을 바탕으로 그는 "경연經筵에 출입하여 성학聖學을 도우며, 한 지방에 관찰사로 나아가 학교를 흥기興起시키고 절의節義를 숭상하며, 의주義州에서 임금을 호종扈從하여 깊이 시무時務의 마땅함을 진달進達하고 『속강목續綱目』을 편찬하여 주자의 품평品評을 계승할 수 있었다"고 장석영은 평가한 바 있다. 매우 적실한 지적으로 판단된다. 그러니 동강정사에서의 삶은 세상과의 단절이 아니라 세상의 쓰임을 위한 준비과정이라 할 수 있다. 그 쓰임은 부귀영화를 이루기 위한 것이 아니라 자신의 경륜을 펼치기 위한 것이었다. 이는 외물外物 보기를 마치 뜬구름과 헤진 짚신처럼 여겼기에 가능할 수 있었다.

2) 고반정사

고반정사考槃精舍는 1578년 동강의 나이 39세 때 수양과 강학을 위해 세웠다. 이때는 동강이 수찬을 사직하고 고향으로 내려와 있던 시기였다. 동강은 수도산 아래 궁벽한 곳에 띳집을 얽어 고반정사로 명명하였다. 고반은 『시경』 「위풍衛風 · 고반장考槃章」에서 유래된 말로 산수에서 유유자적하는 삶을 의미한다. 동강의 이 당시 출처관이 고반이라는 편명에 오롯이 담겨 있다.

고반정사는 지금 터와 유허비만 남아 있다. 고반정사의 터(유지)는 성주군 금수면 영천리 하고방에 위치해 있다. 이곳은 절벽과 청산벽수가 이어진 승경지로 무흘구곡武屹九曲 가운데 제4곡인 선바위(立巖)의 서북쪽 위, 쌍천雙川의 아래에 있다. 영천리는 성주군의 최서단부 대가천 상류의 협곡에 자리 잡고 있는데 서편으로 김천 증산면에 접해 있다. 영천리는 중리, 선바우, 고뱅이, 가은, 은적골의 마을로 이루어져 있다. 고뱅이(고반동)는 고반정사가 있어 붙여진 이름이다. 이 지역에서는 고뱅이라고 부른다. 고반동은 두 마을로 이루어져 있는데, 윗마을을 상고방, 아랫마을 하고방이라 한다. 행정구역으로는 1906년 지례군 외증산면 소속되었다가, 1914년부터 성주군으로 편입되어 오늘에 이르고 있다.

고반정사는 임진왜란 때 병화로 소실되어 흔적 없이 사라졌다. 1845년 밭갈이하던 중에 유허비가 발견되자 동강의 9대 종손인 사서沙捿 김형직金馨直이 유지에 다시 유허비를 세웠다. 1877년 동강정사의 소실을 안타깝게 여긴 고을의 선비들이 고반동계를 결성하여 고반정사를 복원하고자 하였다. 외후손 이진상李震相이 지은 「고반동계서考槃洞契序」에 의하면, 고반정사를 동강의 학덕을 추모하고 실제로 강학하기 위해 서당의 형태로 복원하려 하였다. 드디어 이런 유림의 정성과 물력이 모여 1887년 유허비의 우측 십수 보의 지점에 고반정사가 중건되었다. 동강의 12대 종손인 김호림이 일을 주관하였다. 이 일에는 궁벽한 산골 마을의 백성들도 자발적으로 참여하여 몇 달 사이에 공역을 마칠 수 있었다. 동강이 끼친 교화가 지대했음을 미루어 알 수 있다. 장복추는 「고반정사중건기」에서 복원된 고반정사를 "화려하되 사치스럽지 않고 검소하되 비루하지 않으니 완연히 처음의 모습과 같다"라고 평하였다. 고반정사가 원래의 모습 그대로 복원되었던 것이다. 고반정사가 중건된 지 100년이 흐른 지금 고반정사는 없다. 언제 어떻게 사라졌는지 알 길이 없다. 하고방마을의 산기슭 아래 밭 언저리에 이끼를 덮어쓴 유허비만 남아 이곳이 고반정사가 있었던 자리임을 말없이 증언하고 있다. 2010년 8월에 후손들이 '문정공동강김선생고반정사유허지비文貞公東岡金先生考槃精舍遺墟之碑'를 새로 세웠다.

지난 봄 살구꽃이 흐드러지게 피어 있는 산길을 따라 고반정사의 옛터를 찾아 나섰다. 무흘구곡의 제4곡인 입암의 위쪽 고반동 안에 있다는 말을 듣고 길을 나섰다. 입암은 이미 여러 차례 다녀온 적이 있었고 고반동은 그 근처에 있는 마을로 알고 있었

고반정사 유허비

최근에 새로 세운 고반정사 유허비

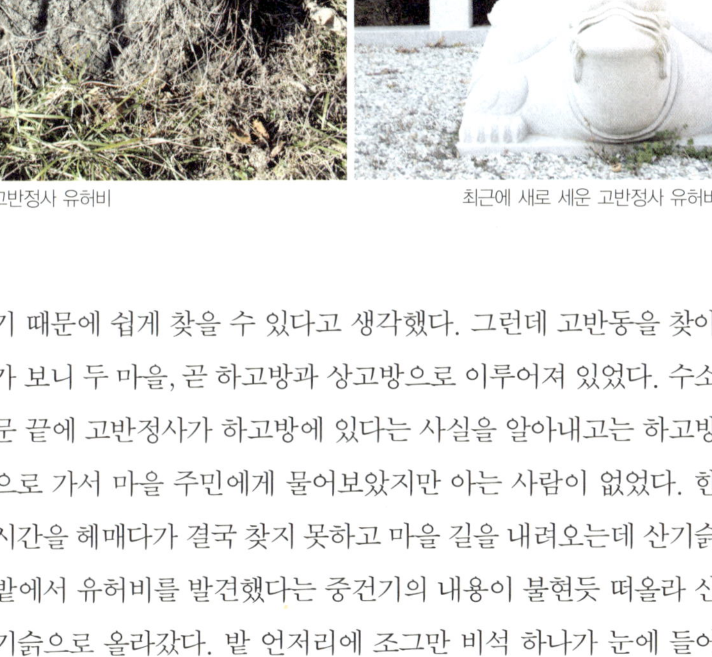

기 때문에 쉽게 찾을 수 있다고 생각했다. 그런데 고반동을 찾아가 보니 두 마을, 곧 하고방과 상고방으로 이루어져 있었다. 수소문 끝에 고반정사가 하고방에 있다는 사실을 알아내고는 하고방으로 가서 마을 주민에게 물어보았지만 아는 사람이 없었다. 한 시간을 헤매다가 결국 찾지 못하고 마을 길을 내려오는데 산기슭 밭에서 유허비를 발견했다는 중건기의 내용이 불현듯 떠올라 산기슭으로 올라갔다. 밭 언저리에 조그만 비석 하나가 눈에 들어

왔다. 풍상에 시달려 글자가 흐릿하긴 했지만 자세히 보니 '문정공동강김선생고반유허비' 라는 글자가 비석 앞면에 새겨져 있었다. 세월의 무상함이 느껴졌다.

고반정사 답사를 다녀온 뒤 세월의 무상함을 떨쳐 버리기 위해 장복추張福樞의 「고반정사중건기」를 다시 읽었다. 도의 흥폐는 사람이 하기 나름이라는 말에 용기를 얻었다. 오도吾道를 위해 힘을 내리라 스스로 다짐했다. 장복추의 「고반정사중건기」 일부를 소개한다.

> 다만 흥폐興廢가 무상無常함은 만물이 모두 그러하거니와 오직 도道가 심하니, 만물의 흥폐는 진실로 하늘에 달려 있지만 도의 흥폐는 오직 사람에게 달려 있는 법이다. 그러니 제현諸賢은 정사精舍를 중건한 정성을 미루어 선생의 도가 장차 다시금 밝아질 것이니, 전현前賢을 숭상하고 선대를 계승하는 아름다움이 어찌 다만 정사精舍가 새롭게 세워지는 의미만 있을 따름이겠는가? 이에 감히 오도吾道를 위하여 거듭 권면하노라.

3) 신도비와 묘소

동강의 신도비神道碑(경상북도 지정 유형문화재 제260호)는 대가면 옥화리 산기슭에 있다. 동강의 학문적 업적을 기리기 위해 1723

동강 신도비

년에 건립된 것이다. 귀부龜趺와 이수螭首는 화강암으로 되어 있고 비신碑身은 오석烏石으로 되어 있다. 갈암葛庵 이현일李玄逸이 비문을 지었고 비문의 글자는 해서체로 되어 있는데 미수眉叟 허목許穆의 글자를 집자한 것이라고 한다.

갈암은 평소 동강을 '정대한 학문을 지키고 예절에 따라 나아가거나 물러나 탁월한 도덕과 기풍이 백세百世의 사표가 된 분' 으로 흠모하였다. 그래서 그는 동강의 4대손 김남수가 신도비명을 부탁하자 주저 없이 행장, 연보 등을 참고하여 동강의 신

동강 묘소

도비명을 지었다. 방대한 자료를 꼼꼼하게 검토하여 동강이 지닌 학자, 관료로서의 면모를 선명하게 부각시킨 글이다. 그는 신도비명의 끄트머리에서 동강을 순리에 따라 정도를 걸은 분으로 요약하였다. 비명 가운데 동강의 삶을 압축적으로 제시한 부분을 소개한다.

> 아! 위대한 우리 선생은 일찍부터 정맥正脈에 접했도다.
> 말류에서 근원으로 올라가니 진실로 알고 실지로 얻었도다.

이미 정착하고 이미 축적하니 성대하게 화려한 꽃을 피웠도다.
선조의 미덕을 이어받아 왕실의 보필이 되었도다.
옥과 눈 같은 정신을 지니었고 풍상風霜과 같은 기풍이 있었도다.
20년간 조정에 나와서 지극한 충성을 바쳤도다.

동강의 묘소는 신도비 바로 위 산기슭에 있다. 여기에 부인(상주김씨)과 합장되어 있다. 무덤 앞에 조그만 상석이 놓여 있고 상석 뒤에 조그만 비석 하나가 서 있다. 그리고 무덤을 지키는 망주석도 양쪽에 작은 키로 서 있다. 묘소 전체가 소박하고 정갈했다. 동강의 삶이 또한 그러했을 터, 사람은 가도 아름다운 정신은 이처럼 여운으로 남는 것이다.

제3장 동강의 후손들

1. 김효가와 김욱

1) 김효가

김효가金孝可(1578~1652)는 자는 공계公繼, 호는 졸정拙亭이다. 김우용의 둘째 아들로 동강의 양자가 되었다. 동강이 회령으로 유배 갔을 때 따라가 모시면서 학문을 배웠다. 동강의 명을 받들어 한강과 여헌의 문하에 나아가 수학하였다. 사헌부감찰, 강음현감 등을 맡아 직분에 충실하였으며 관직에 나아가고 물러남이 명확하였다. 동강이 서거하자 벼슬을 버리고 고향으로 돌아와 분수를 지키며 전원에서 자락하였다. 항상 마음을 비우고 스스로를 낮추는 것으로 좌우명을 삼았다.

2) 김욱

김욱金頊(1602~1655)은 자는 신백愼伯, 호는 사월당沙月堂이다. 김효가의 아들이고 동강의 손자이다. 문과에 급제하여 사간원정언, 사헌부지평 등 여러 관직을 두루 역임하였다. 주로 언관직에 있으면서 직언을 쏟아내 조정의 잘못을 바로잡고자 하였으나 받아들여지지 않자 외직을 자청하였다. 홍해 · 서산 · 선산 · 북청 등지의 목민관으로 부임하여 선정을 베풀고 학문을 진흥시켰다. 용주龍洲 조경趙絅(1586~1669), 분사汾沙 이성구李聖求(1584~1644), 시북市北 남이웅南以雄(575~1648)과 도의로 교분을 맺었다. 성품이 엄정하고 행동이 방정하였으며 청렴결백하고 직언하기를 즐겨하였다. 이러한 성품과 행동은 조부인 동강으로부터 크게 영향을 받았다.

2. 김남수

김남수金南粹(1661~1731)는 동강의 5세손으로 자는 자순子純, 호는 월강月岡이다. 서애西厓 류성룡柳成龍의 손자인 류백지柳百之의 사위이다. 그는 어려서부터 언행이 반듯하여 동년배들이 감히 함부로 하지 못하였고, 어른들도 또한 존중하였다고 한다.

계헌戒軒 배일장裵一長, 갈암葛庵 이현일李玄逸, 고산孤山 이유장李惟樟에게 나아가 학문의 대요를 배웠다. 사서四書·『근사록近思錄』·『심경心經』 등을 탐독하고는 "성현의 은미隱微한 말씀과 지극한 가르침이 모두 이 책 속에 있으니, 배우는 사람이 읽어서 터득하는 바가 있으면 일평생 사용하더라도 다함이 없을 것이다" 하였다. 그는 젊어서부터 덕행에 근본이 있음을 알아, 마음을 둘 때에는 반드시 충신忠信을 위주로 하였고, 몸가짐은 반드시 효제孝悌를 우선으로 하였다. 학문은 동강을 계승하여 주경主敬을 요체로 삼았다.

일찍이 학문과 덕행으로 천거된 바 있다. 이때 고을의 수령들이 조정에 그의 행의行誼를 올리려 하자, 그는 웃으면서 "나이 예순 살에 귀는 먹으려고 하고, 눈은 장님이 되려 하고, 말은 없고자 한다" 하며 사양하였다. 관직에 뜻이 없음을 말한 것이다.

어떤 나그네가 그의 집을 지나가다 벽에 시를 적어 칭찬하자 그는 실정에 지나침은 부끄러운 일이라 하고는 그 위에 덧칠하여 사람들이 볼 수 없게 하였다고 한다. 이처럼 그는 명예를 멀리하고 염치를 중시하였다.

그는 스스로 수양하는 공부는 늙어도 더욱 돈독하여 사람들이 자신의 잘못을 일러 주면 즐거운 마음으로 듣고서 고쳤다. 개과천선改過遷善을 통한 위기지학爲己之學에 치력하였다. 이러한 자세를 다음과 같이 시로 읊은 바 있다.

나를 칭찬하는 사람은 나의 도적일 터이고	人之譽我我之賊
비난하는 사람이 내 스승임을 누가 알리오?	毁我誰知是我師
원컨대 칭찬과 비난이 서로 따르는 곳에서	願言毁譽相隨處
자신의 사욕을 부지런히 극복하기 바라노라.	起作孜孜克己私

그의 내제內弟인 이세형李世珩은 제문祭文에서, "나이 일흔 살에도 아직 갓난아이의 마음을 보존하여 흰 실이 물들지 않은 듯했고, 자신을 알아주지 않아도 태연하였다"라고 하였다. 그의 군자다운 면모를 높이 평가한 것이다.

3. 김호림

김호림金護林(1842~1896)은 초명은 서림書林, 자는 낙여樂汝, 호는 하강下岡으로 동강의 12대 종손이다. 어릴 때부터 행동에 법도가 있어 같은 또래가 모두 굴복하였다. 병약하여 약관이 되도록 읽은 것은 『통감절요』와 『소학』뿐이었지만 글을 논하고 시를 지으면 사람들을 놀라게 하는 말이 있었다. 틈만 나면 조부에게 경서와 사서를 강론하고 질문하였다. 『소학』·『논어』와 같은 책을 익히 읽고 깊이 생각하여 일상 언어와 행동 사이에서 체험하고 공부에 힘썼다.

부모상을 마치고 서울로 올라가 성재 허전을 찾아뵈었다. 한주 이진상을 따라 청천·회연·단산 등지에서 향약을 창도하고 향음례를 행하였다. 그리고 고반정사를 중수하여 자연을 벗삼아 마음을 수양하기도 하였다.

1883년 5도의 유생들이 문정공을 문묘에 배향할 것을 상소하였지만 비답이 내리지 않았다. 여러 사람들이 민태호 판서를 찾아가 보기를 권유하였지만 평생 권귀의 집을 찾지 않은 이유를 들어 이를 거절하였다. 성재가 이 일은 공의에 관계되는 것이므로 흠될 것이 없다고 하자 하강은 비로소 민 대감을 찾아가 요직에 있는 자들이 권력을 마음대로 휘둘러 공론이 막혀 있음을 당당하게 말하였다. 이에 민 대감은 몸을 낮추어 그를 정중하게 대하였으며 이튿날 왕의 비답을 받았다.

그는 농가에서 모내기하는 것을 보고 아들 창숙과 유생 수십명을 불러 농사의 어려움을 체험하도록 하였다. 밥을 먹을 때 신분의 고하에 관계없이 앉은 순서대로 먹도록 하는 등 계급과 문벌을 타파할 것을 주장하였다.

1895년 일제가 우리 강토를 시끄럽게 하자 "이놈들을 없애지 못하면 우리들은 식민지의 노예가 될 것이다" 하고 의병을 일으키려 격문을 돌렸다. 고을 수령과 관찰사가 만류하자 "내 뜻은 이미 정해졌으니 그대들이 나를 그만두게 할 수 없다" 하고는 시 한 수를 지어 의지를 보였다.

마음은 몸의 주인이고　　　　心爲一身主

몸은 내 마음의 집이라. 身作吾心宅
차라리 집 없는 주인이 될지언정 寧爲無宅主
주인 없는 집이 되지는 말라. 莫作無主宅

그렇지만 일을 같이하기로 했던 사람들이 주저하며 행동에 나서지 않자 하강은 눈물을 흘리며 사기士氣가 죽었으니 나라가 어찌 망하지 않겠는가 하였다. 얼마 뒤 병으로 작고하였다.

4. 김황

김황金榥(1896~1978)은 경상남도 의령군 궁류면 어촌리에서 태어났다. 동강의 12세손으로 일명 우림佑林, 자는 이회而晦, 호는 중재重齋이다. 부친은 도산서원陶山書院 원장을 지낸 극영克永이며, 모친은 청송심씨靑松沈氏로 구택龜澤의 따님이다. 곽종석郭鍾錫의 문인이다.

1910년 나라가 망하자 부친을 따라 경상남도 산청의 황매산黃梅山 서쪽 만암晩巖으로 들어가 독서에 전념하였다. 당시 주리학主理學을 대표하던 곽종석의 문하에서 수학하면서 문명을 떨치게 되었고, 한주학파寒洲學派의 학통을 계승하였다.

1919년 면우의 명으로 곽윤郭奫과 함께 상경하여 고종의 장

례식에 참여하였는데, 여기서 김창숙金昌淑을 만나 파리평화회의에 독립청원서(巴里長書)를 보내기로 결의하였다. 이후 거창에 내려와 진주 · 산청 · 삼가 등지의 유림을 찾아다니며 파리장서의 취지를 설명하고 서명을 받았다.

김창숙이 파리장서를 가지고 상해로 떠난 뒤, 서명한 유림의 명단이 드러나자 제1차 유림단사건儒林團事件에 연루되어 옥고를 치렀다. 병보석으로 출옥한 뒤 면우의 상을 당했는데 24세의 젊은 나이로 상례喪禮의 중책을 주관하였다. 1926년에는 여러 동문들과 힘을 합쳐 서울에서 『면우집俛宇集』을 간행하기도 하였다. 김창숙이 이 소식을 듣고 독립운동자금을 모금하기 위해 비밀리에 입국하였다. 김황은 김창숙과 연락하면서 『면우집』 간행소에서 유림조직을 활용하여 모금운동에 앞장섰다. 이때 모은 자금이 나석주羅錫疇의 동양척식회사東洋拓殖會社 투폭投爆에 사용되었음이 드러나 제2차 유림단사건에 연루되어 옥고를 겪었다.

그는 일제의 창씨개명을 단호하게 거부하고 끝까지 머리를 길러 유학자로서의 면모를 견지하였다. 자녀들도 일제 치하의 식민지 교육기관에는 보내지 않았다. 줄기차게 직간접적으로 일제에 저항하면서 민족의식을 고수하였다.

1928년 만암을 떠나 산청군 신등면 내당촌으로 이주하여 강학을 시작하니, 약 50년 동안 1,000여 명의 문인을 양성하였다. 이후 내당서사內塘書舍는 유학 교육의 중심지로 자리 잡았다.

그는 여러 학문을 두루 섭렵하여 한주학파의 심즉리설心卽理說을 기반으로 하는 도학을 정립하였다. 「근서천군전후謹書天君傳後」·「동유심학약도東儒心學略圖」 등에서는 심학心學을 중심으로 이황－김우옹－이진상－곽종석－김황으로 이어지는 계보에 자신의 위치를 설정하고 학통을 계승하였다.

그는 심즉리설의 개념을 분석하고 논증함으로써 논리적 치밀성을 바탕으로 여러 저술을 남겼다. 저술로는 『쇄기瑣記』, 『효경장구孝經章句』, 『사례수용四禮受用』, 『동사략東史略』, 『역년도첩록歷年圖捷錄』, 『독립제강獨立提綱』, 『환영대조寰瀛對照』, 『익붕당총초益朋堂叢鈔』, 그리고 『일기日記』 등이 있다.

그는 공리功利에 미혹되어 마음을 지키지 못하는 데서 초래된 물질적 가치의 중시와 의리義理의 상실을 경고했다. 이를 극복하기 위해 도덕적 주체성의 확립에 주력하였다. 이것이 그의 학문의 요체라 할 수 있다.

그는 끝까지 도학道學의 전통을 지키면서 이를 널리 후학들에게 전수하는 데 평생을 바쳤다. 온고지신을 실천함으로써 전통사회와 현대사회를 이어 주는 유종의 역할을 충실히 수행한 우리 시대 마지막 선비로 추앙을 받아 마땅하다.

5. 김창숙

1) 삶과 활동

김창숙金昌淑(1879~1962)은 1879년 7월 10일 성주군 대가면 칠봉리(사도실)에서 김호림金頀林과 인동장씨 사이에 동강의 13대 종손으로 태어났다. 자는 문좌文佐, 일명은 우愚, 호는 심산心山 또는 벽옹躄翁이다. 그는 자서전인 『벽옹칠십삼년회상기躄翁七十三年回想記』에서 "어려서 몹시 미련하더니 늙어서 더욱 어리석었다. 그래서 본명인 창숙 대신에 우愚라는 이름을 썼다"라고 하였다. 지식인으로서 책임을 다하지 못해 나라를 빼앗긴 데 대한 자조적인 의미가 깔려 있다. 그는 "어려서부터 잔병이 많더니 늙어서 앉은

심산 동상

뱅이가 되었기에 벽옹이라는 별호를 썼다"라고 했지만 앉은뱅이가 된 것은 일제 치하에서 항일운동으로 오랜 기간 옥고를 치렀기 때문이다. 그러니까 우와 벽옹이라는 이름과 별호에는 일제 치하에서 심산이 감당했던 삶의 무게가 고스란히 실려 있다. 심산이라는 호는 그의 삶의 전반을 관통하는 정신, 곧 부동심에다 흔들리지 않고 언제나 그 자리에 있는 산의 이미지를 결합하여 스스로 붙인 것이다. 이 심산이라는 호에는 심학을 바탕으로 한 가학의 전통도 동시에 담겨 있다.

심산의 삶은 크게 세 시기로 이루어져 있다. 제1기(1879~1918),

제2기(1919~1945), 제3기(1946~1962)가 그것이다. 시기별로 삶의 특징적 국면을 살피기로 한다.

제1기(1879~1918)는 주로 수학 과정과 고향 성주에서의 활동이 중심을 이루고 있다. 그는 여섯 살에 처음으로 글을 배우기 시작하여 여덟 살에 소학을 배웠지만 공부에 별로 관심이 없어 또래 아이들과 어울려 놀기를 좋아하였다. 이를 염려한 부친이 동네의 선비 정은석의 문하에 나아가게 했지만 심산은 여전히 공부에 전념하지 않았다. 13~14세에 사서를 읽었지만 학문의 대체를 알지 못하자 학업의 부진을 염려한 부친이 이번에는 대계大溪 이승희李承熙에게 가르침을 부탁하였다. 심산은 성리설을 좋아하지 않는다는 이유로 대계의 문하에 나아가지 않았다. 이때까지는 아직 학문에 뜻을 두지 않았던 것으로 보인다. 동학란 이후 그는 부친으로부터 세상의 변화와 그 대처 방안 등에 관한 깊은 식견을 듣고 "내가 아버지를 배우지 않고 누구를 배우겠는가" 하면서 학문에 뜻을 두지만 부친의 서거로 그 열정이 이내 식어 버렸다. 모친으로부터 대현大賢의 종손으로 부친의 가르침을 저버린 자식이라는 준열한 질책을 듣고서 비로소 학문의 길에 들어서게 된다. 만구晩求 이종기李種杞, 면우俛宇 곽종석郭鍾錫, 대계大溪 이승희李承熙, 회당晦堂 장석영張錫英 등을 찾아뵙고 경서의 뜻을 질의하며 견문을 넓혔다. 심산은 이때 대계 이승희에게 나아가 심복하였다고 한다. 그는 경서를 읽으면서 항상 성인이 세상을 구제한

뜻에 주목하였다. 공리공론空理空論에 빠져 있는 가짜 선비들(僞儒)을 질타하면서 실천적인 학문의 중요성을 역설하였다.

> 성인의 글을 읽고 성인이 세상을 구한 의리를 알지 못하면 가짜 선비라 할 수 있다. 지금 무엇보다 먼저 이런 가짜 선비를 제거해야 치국평천하의 도를 논할 수 있다.

이와 같이 심산은 경서를 읽으면서 추상적 관념에 매몰되지 않고 실천적 학문을 추구하였다. 심산의 행동주의가 여기서 비롯된 것으로 보인다.

심산은 1905년 을사조약의 체결 소식을 듣고 스승 대계와 함께 대궐에 나아가 오적의 참수를 상소하였다(請斬五賊疏). 이때부터 심산은 실천적 학문을 기반으로 본격적인 대외활동에 나서게 된다. 1908년 대한협회 성주지부를 성주의 향사당에 설립하여 낡은 풍습을 고치고 계급을 타파하여 기울어져 가는 나라를 구하고자 하였다. 1909년 일진회 소속의 이용구, 송병준 등이 합병을 청원하는 상소를 올리자 심산은 '이 역적들을 성토하지 않는 자도 또한 역적' 이라며 그들의 처벌을 주장하는 성명서를 중추원에 보내 매국노에 대한 격분을 표출하였다. 1910년에는 단연동맹회기금을 처리하는 모임에 참석하여 "이 돈으로 국채를 상환하지 못할 바에는 차라리 교육기관에 투자하여 인재를 양성하는 것이 낫다"라고 하며 고향 성주로 돌아와 청천서당을 수리하여 성명학교를 설립하였다. 청년들에게 신학문을 가르치는 것이 나라를 구하는 지름길이라고 인식했기에 유림의 반대에도 불구하고 신학교를 설립했던 것이다. 이런 여러 노력에도 결국 1910년 8월 국권을 상실하자 심산은 한동안 깊은 실의와 좌절감에 빠져 폭음과 기행으로 방황의 시간을 보냈다. 1913년 집으로 돌아온 그에게 모친은 "어찌 이런 모습으로 문정공文貞公(동강 김우옹의 시호)의 사당에 설 수 있겠는가. 학문을 닦아 광복을 도모하는 것이 너의 나아갈 길이다"라고 충고하였다. 이때부터 심산은 4~5년 동안 두문불출하고 경서와 제자백가 등 여러 책을 탐독하며 의리의 학문과 경세의 방도를 탐구하였다. 심산의 학문적 득력과 온축은 대부분 이 시기에 이루어진 것이다.

김창숙 선생

제2기(1919~1945)는 조국의 독립운동에 헌신한 시기이다. 심산은 1919년 2월 25일에 독립선언서에 서명하기 위해 상경하였다. 그러나 독립선언서는 이미 인쇄가 완료되어 서명에 참여하지 못했다. 그는 독립선언서 서명에 유림이 한 명도 참여하지 않은 사실이 매우 부끄러워 3·1독립선언 직후 전국의 유림들을 모아 파리평화회의에 독립청원서를 제출하는 일을 주관하였다. 그는 3·1독립운동의 정당성을 국제사회에 알리기 위해 유림 137명의 서명을 받은 독립청원서(파리장서)를 가지고 1919년 3월 27일 상해에 도착하여 파리평화회의에 참석하러 프랑스에 간 김규식에게 송부하였으며 세계 각국 및 국내에도 발송하였다.

소기의 목적을 달성한 심산은 파리행을 중지하고 상해·북경·광동 등지에서 독립운동을 적극적으로 전개하였다. 심산의 독립운동은 다양한 방식으로 전방위에 걸쳐 진행되었다. 열거해 보면 이러하다.

1919년 쑨원(孫文) 등 중국 정부의 요인들과 접촉하여 그들의 지지와 후원을 기반으로 한국독립후원회를 조직함. 의정원 의원으로 선출되어 상해임시정부에 참여함.

1920년 미국에 위임통치를 청원한 이승만을 탄핵함.

1922년 신채호와 함께 『천고』를 발간하여 독립사상을 동포들에게 고취시킴.

1924년 장기적으로 독립군을 양성하기 위해 중국의 펑위샹(馮玉祥)과 교섭하여 만몽 국경지대의 황무지를 확보함.

1925년 군자금 모금을 위해 국내에 잠입함.

1926년 의열단 결사대원 나석주에게 무기와 자금을 마련해 주면서 동양척식회사와 식산은행을 폭파하도록 함.

1919년부터 1926년까지 심산이 벌였던 독립운동의 굵직한 일들이다. 숨이 찰 정도로 가열하게 독립운동을 전개하던 중 1927년 상해에서 일경에 체포되어 대구로 압송되었으며 이듬해 법정에서 변호사를 사절하고 일제의 법 자체를 부정하였다. 「변호사를 사절함」이라는 시에서 심산은 "바른 도리 얻어야/ 죽음도 영광인 줄 알리라./ 그대들의 구구한 변호 사양하노니/ 병든 이 몸 구차히/ 살기를 구하지 않노라" 하였다. 이처럼 그의 항일투쟁은 법정에서도 멈추지 않았다. 이때 그는 일제의 모진 고문에 앉은뱅이의 신세가 되었지만 불굴의 의지로 옥중 투쟁을 지속적으로 전개하였다.

1934년 병이 위독하여 출옥한 상황에서도 한용운, 홍명희, 정인보, 김진우 등과 비밀리에 접촉하면서 독립운동에 관해 논의하였다. 병마도 그의 독립에 대한 열의를 꺾지 못했다. 이후 한동안 신병을 치료하기 위해 대구, 울산의 백양사 등지에서 요양하였다. 요양생활 중에도 그의 마음은 온통 독립운동에 쏠려 있었는데 몸이 따라 주지 않자 자신의 처지를 자조하였다. 이때의 심정을 그는 "묻노니 집에 처박혀 길게 누운 앉은뱅이는/ 시동尸童

도 아니고 부처도 아닌 누구인가"라고 토로하였다. 1940년 일제의 창씨개명 강압에 맞서 "내가 오로지 지키고자 하는 바는 대의이니 위협과 협박으로 나의 뜻을 꺾을 수 없다" 하면서 끝까지 거부하였다. 1943년 옥고를 치르고 나온 차남 찬기를 임시정부와의 연락을 위해 중경으로 밀파하였다. (장남 환기는 1927년에 고문으로 옥사하였고, 차남 환기는 1945년 중경에서 사망하였다.) 1944년 고향에서 요양 중에 건국동맹 남부책임자로 추대되었다. 이때 그는 신병으로 직접 활동하지는 못했지만 정신적인 지주의 역할을 수행하였다. 1945년 건국동맹사건으로 왜관경찰서에 구속되어 있다가 광복을 맞이하였다.

이와 같이 그는 조국의 독립을 위해 온몸을 바쳐 마침내 광복을 쟁취해 내었다. 그렇지만 개인적으로 여러 가지 불행과 아픔을 겪었다. 자신은 여러 차례의 투옥과 갖은 고문으로 결국 앉은뱅이가 되었으며, 장남과 차남은 그의 독립운동을 돕다가 결국 젊은 나이에 목숨을 잃었다. 한 집안이 온통 독립운동에 헌신한 것이다.

제3기(1946~1962)는 광복 이후 사회 전반에 걸쳐 다양한 활동을 펼친 시기라 할 수 있다. 통일정부수립운동, 유학개혁운동, 교육활동, 반독재민주화투쟁 등이 그것이다.

광복 후 그는 가장 먼저 민족의 분열을 경계하여 어떤 정파에도 참여하지 않았다. 신탁통치를 반대하고 임시정부를 기반으

로 하는 남북통일정부의 수립을 주장하였다.(통일정부수립운동)

1946년 그는 화합과 질서를 통한 도덕의 구현이라는 목표를 설정하고 유도회총본부 위원장에 취임하였다. 취임사에서 그는 겉치레, 사대사상, 타성과 인습 등을 과감히 타파함으로써 유도를 개혁할 것을 천명하였다. 진정한 유도의 구현을 위해 실제에 힘써 진부한 생각에 빠지거나 공허한 담론에 매달리지 않고 윤리와 도의를 일으키고 밝히는 일에 앞장선 것이다. 이는 국가의 강력한 이념이었던 유교의 개혁을 통해 결국 민족의 통일과 단합을 추구하기 위해서였다.(유학개혁운동)

1946년 그는 성균관대학을 설립하였다. 그는 성균관대학의 설립 취지를 우리 민족의 전통적 윤리도덕의 진수를 천명하여 우리의 문화를 세계에 선양하기 위해서라고 하였다. 그렇게 하기 위해서는 우리의 유교정신을 새롭게 함양해야 한다고 하였다. 이와 같이 그는 교육의 목표를 윤리와 도덕의 함양을 통한 전인교육에 두었다. 이런 교육활동 역시 민족운동의 일환으로 이루어졌다.(교육활동)

분단 이후 그는 반독재민주화투쟁으로 일관하였다. 1951년 봄 이승만의 독재를 비판한 하야경문 발표, 1952년 반독재호헌구국선언대회 주도, 1956년 이승만 대통령 삼선취임 경고문 발표, 1956년 반독재 민권쟁취 국구운동의 호소문 발표, 이승만 하야 권고문 발표 등 그의 투쟁은 간단없이 지속되었다. 멀고도 긴 투쟁의 길, 이때의 심정을 그는 다음과 같이 표출하였다.

아아, 조국의 슬픈 운명이여!
모두가 돌아갔네 한 사람 손아귀에
아아, 겨레의 슬픈 운명이여!
전부가 돌아갔네 반역자의 주먹에
평화는 어느 때나 실현되려는가
통일은 어느 때나 이루어지려나
맑은 하늘 정말 다시 안 오면
차라리 죽음이여 빨리 오려무나

1960년 4 · 19혁명에 의해 그의 반독재 투쟁은 결실을 맺었다. 이승만 독재정권의 붕괴가 그것이다. 그에게 또 다른 소임이 기다리고 있었다. 조국의 자주통일. 그는 그 소임을 다하기 위해 늙고 병든 몸을 이끌고 민족자주통일중앙협의회의 의장직에 취임하였다. 동시에 독립운동에 몸 바친 애국지사들의 정신을 널리 알리는 일에도 주도적으로 참여하였다.

그는 평생 조국의 독립과 자주통일을 위해 헌신하다가 1962년 5월 10일 84세로 서거하였다. 장례는 사회장으로 엄수되었으며 수유리 독립지사 묘역에 안장되었다.

2) 학문과 사상

심산의 학문은 기본적으로 가학에 바탕을 두고 있다. 그 가학의 연원은 바로 동강에서부터 시작된 것이다. 동강 학문의 핵심인 심학을 심산 역시 계승하였다. 그리고 보다 구체적으로는 한주寒洲 이진상李震相의 심즉리설心卽理說을 계승하였다.

성인들의 진리의 요체 오직 마음 심 한 글자에 있어
근원 찾아 주리主理의 깊은 경지 열어 놓았네.
슬프다, 세상에 배우는 이들 길을 잃어
큰 근본을 자못 기氣에서 찾네.
千聖眞銓一字心　推源主理儘精深
嗟嗟世學還迷路　大本偏從氣上尋

한주 이진상을 추모하기 위해 세운 삼봉서당三峰書堂의 심원당心源堂을 방문하고 쓴 시이다. 심산이 스승으로 모신 대계와 면우는 한주 이진상의 문인이다. 한주는 퇴계의 심합리기설心合理氣說을 발전적으로 계승하여 심즉리설心卽理說을 주창하였다.

이와 같이 심산은 동강과 한주의 학문을 계승하여 심心에 주목하였다. 특히, 심산은 마음수양을 참된 공부로 인식하였다. 참된 공부를 통해 이루어진 마음의 올바른 자세는 실천적 행동을

심산 친필 유묵

수반하기 마련이다. 심산의 행동주의는 여기서 비롯된 것이다. 물론 그의 행동주의는 엄정한 의리정신에 기반을 두고 있다. 의리 가운데서도 시대정신(時義)에 초점을 맞추어 행동하였다. 그의 독립운동과 반독재민주화투쟁은 이런 시대정신을 실천한 것이다. 그 출발은 역시 마음의 수양에서 시작된 것이다.

그러나 그는 성리설의 이론적 탐구에는 비판적 견해를 지니고 있었다. 그래서 그는 세상 학자들이 한갓 성리의 오묘한 뜻을 말할 뿐 구국의 급무를 강구하지 않음을 병통으로 여겼다. 구국의 급무를 도외시한 채 공리공론에 몰두하는 학자를 가짜 선비로 규정한 바 있다.

학문은 어떻게 해야 하는가? 학문하는 방법에 대한 심산의 견해를 들어 본다.

학문하는 것은 고상한 것을 담론하고 먼 곳을 설명하는 데 있지 않고 반드시 절실한 것을 묻고 가까운 것을 생각하는 것부터 먼저 해야 한다.

학문이란 높고 멀어 실천하기 어려운 것이 아니다. 먼저 낮고 가까운 데서 시작하여 순서에 따라 점차 나아가게 되면 마침내 높고 먼 곳에 이르게 된다.

절문切問과 근사近思로부터 시작하여 점진적으로 나아가야 높은 경지에 도달할 수 있다는 것이다. 추상적인 학문이 아닌 일상의 학문, 그것의 중요성을 언급한 것이다. 생활 속의 학문이라야 실천할 수 있다. 실천할 수 없는 학문은 이미 죽은 학문이다. 살아 있는 학문을 해야 한다는 주장으로 읽을 수 있다.

그리고 그는 '선비들이 본원을 깊이 탐구하지 않은 채 다만 말하고 듣는 것에 힘써 입에서 나와 귀에 들어갈 뿐 끝내 실용이 없음'을 안타깝게 여기기도 하였다. 구이지학口耳之學은 아무런 쓰임이 없는 학문이다. 무용無用의 학문은 진짜 학문이 아니다. 학문은 모름지기 실용성이 있어야 한다는 것이다.

심학을 바탕으로 한 실천적 실용적 학문이 바로 심산 학문의 핵심이다. 그의 불굴의 행동주의는 바로 여기서 비롯된 것이다.

심산의 사상적 기반 역시 유학이다. 그는 여러 경전을 탐독하였는데 특히 『소학』과 사서를 중시하였다. 『소학』에서는 실천 정신을, 『논어』에서는 인을, 『맹자』에서는 의를, 『대학』에서는 수기치인을 적극적으로 취하여 행동주의, 민족주의, 불굴의 저항 정신의 사상적 기반으로 삼았다. 이와 같이 심산은 유학을 사상적 기반으로 삼았지만 위정척사와는 입장을 달리하였다. 시대의 변화에 대응하기 위해 이념의 변용에도 관심을 가져 개화를 수용하기도 하였다. 이는 그의 사상적 유연성에서 비롯된 것이다.

3) 문학

심산은 『심산만초』, 『벽옹만초』, 『벽옹칠십삼년회상기』 등의 저술을 남겼다. 1973년 중재 김황이 이들 저술을 편집하여 『심산유고』를 간행하였다. 『심산유고』에는 시 262제 410수, 사 3수, 서 66편, 서 9편, 발 5편, 기 8편, 상량문 3편, 송 1편, 명 2편, 고문 9편, 제문 26편, 비 10편, 묘지명 2편, 묘표 8편, 묘갈명 19편, 행장 2편, 유사 1편, 잡기 3편, 잡저 4편 등 다양한 장르의 글이 다수 수록되어 있다. 일생을 구국운동에 헌신한 지사이자 이와 같은 다양한 장르의 글을 다수 남긴 점에서 그의 문인으로서의 면모도 주목할 필요가 있다. 가장 많은 편수를 차지하는 한시를 중심으로 그의 문학세계를 살피기로 한다.

심산은 시를 통해서도 독립운동과 반독재민주화투쟁의 의

지를 직설적인 방법으로 표출하고 있다. 그리고 부정과 불의에 대한 과감한 비판, 이성과 정의에 입각한 역사관, 잘못된 풍습의 교정 등을 시의 주제로 담아내고 있다. 이런 시편들에는 사상이나 이념의 강조에 초점이 맞추어져 있어 시적 형상화의 밀도가 약하다. 앞서 우리는 심산의 삶을 통해 그의 이념과 사상을 충분히 파악한 바 있다. 그래서 여기서는 시적 형상화에 일정한 성취를 이룬 작품 몇 편을 감상하기로 한다. 그 가운데 어머니와 고향의식을 다룬 시편을 통해 보편적 정서를 노래한 심산의 문인으로서의 면모를 보기로 하자.

어머님을 뵙고 새처럼 날뛰며 기뻐 절하고	喜拜慈顔雀躍然
앞뒤로 가까이서 모시고 걸었는데	行行陪後或趁前
꼬불꼬불 험한 길에 졸지에 사라지고	羊腸瞥地追無跡
문득 꿈을 깨니 눈물이 샘물처럼 솟네.	陡覺雙睚淚湧泉

위의 시는 「몽배선비유직준령영로위이홀무적가추각이비읍夢陪先妣踰直峻嶺嶺路逶迤忽無跡可追覺而悲泣」이다. 제목을 풀이하면 '꿈에 돌아가신 어머님을 뵈었다. 직준령을 넘어가시는데 고갯길이 꼬불꼬불하여 갑자기 어머님을 놓쳐 버리고 깨어나서 슬피 울었다' 는 뜻이다.

모친은 심산의 나이 42세에 돌아가셨다. 이때 심산은 중국

상해에서 독립운동 중에 병을 얻은 데다 일제의 감시가 워낙 엄중하여 동지들의 간곡히 만류하니 모친상에 분상奔喪하지 못하였다. 추복追服은 신병 요양차 고향으로 돌아오면서 62세가 되어서야 비로소 이루어졌다. 이 시는 대체로 추복하기 이전에 지어진 것으로 추정된다.

심산에게 가장 많은 영향을 끼친 분이 바로 모친이다. 선조와 부친의 유훈을 각성시켜 심산을 훈육하고 학문의 길로 이끌었기 때문이다. 그런데도 자신의 처지 때문에 분상하지 못했으니 그 깊은 회한은 미루어 짐작할 수 있다. 그런 회한이 꿈으로 나타난 것이리라. 어머니의 무덤이 있는 고향 직준령直峻嶺, 그곳에 그리운 어머니가 보인 것이다. 얼마나 기뻤던지 새처럼 날뛰며 절을 올렸다. 행여 놓칠세라 바짝 옆에 모시고 가는데 구절양장九折羊腸 같은 길에서 보이지 않는 어머니. 어디로 가셨는지 이리저리 찾다가 꿈을 깨고 말았네. 꿈에서 뵌 어머니, 이제 언제 꿈에서나마 뵐 수 있을지. 그치지 않는 눈물, 언제 그칠까. 고향 직준령에 영면한 어머니에 대한 그리움과 회한이 한데 묻어나는 시편이다. 어머니는 고향의 또 다른 이름이 아니던가.

그렇다면 심산의 고향의식은 어떤 방향으로 귀착되었던가. 아래의 시를 보자.

돌아가겠는가? 歸去來兮

전원이 이미 황폐한데 어디로 돌아가리?	田園已蕪將安歸
조국 광복에 바친 몸	余旣獻身兮光復役
뼈가 가루된들 슬플까마는	縱粉骨而奚悲
모친상 당하고도 모른 이 마음	有母喪而不知
되돌리지 못할 불효 눈물에 우네.	痛不孝之莫追
이역만리 갖은 풍상 다 겪으면서	飽風霜於異域
나날이 그르쳐 가는 대업 탄식하다가	嗟志業之日非
문득 크나큰 모욕을 받아	身旋陷於大僇
죄수의 붉은 옷 몸에 걸치니	穿虜犴之赤衣
고생을 달게 받아 후회 없지만	忍苦辣而不悔
행여 도심 쇠해질까 걱정했노라.	懼道心之或微
눈앞에 고향 두고도	鄕山在望
쇠사슬에 묶여 가지 못하고	繫械莫奔
앉은뱅이 되어서야	廢疾而躄
옥문 나서니	始出牢門
쑥대밭 된 집안	室廬蕩殘
남은 거란 없어	舊物無存
농사짓지 않으니 무엇 먹으며	不農奚餐
술을 빚을 수 없으니 어찌 마시리?	不釀奚酒
친척들도 모두 굶주리는 꼴	親戚亦其窮餓
솟구치는 눈물에 얼굴 가리고	釀危涕而被顔

아내도 집도 없어진 지금　旣靡室而靡家
어느 겨를에 일신의 안정 꾀하리?　寧遑謀於奠安
음험하기 짝이 없는 못된 무리들　紛鬼蜮之怪物
고향에 날뛺을 봐야 했으니.　任跳梁於鄕關
슬프다! 삼팔선 나라의 허리 끊어져　哀三八之斷腰
더욱 슬픈 건 동족을 죽인 무덤　最傷心於京觀
더욱 안타깝긴 죄 없이 죽어간 사람들　歎明夷之入地
하늘 우러러 하소연해 본들 그 누가 돌아오리?　仰皓天而不還
아! 죽어가는 병든 이 몸　噫垂死之病夫
아무리 둘러봐야 한 치의 땅도 없네.　顧無所於盤桓

돌아가겠는가?　歸去來兮
돌아가 세상과의 연 끊을 것인가?　從此息交而絶遊
세상 멸시하는 것 아니지만　非傲世而長往
부귀영화 구할 마음 없어라.　寔榮貴之無求
몸은 늙었어도 마음은 아직 창창해　髮雖短而心長
나랏일 안타깝네.　惟天下之是憂
옛 일꾼들 불러 봐도 오지 않으니　呼長鬚而不見
서쪽들에 밭갈 일 누구와 상의하리?　孰問耕於西疇
물결에 몰아치는 바람 사나워　湖海颶急
외로운 배에 노마저 꺾이었네.　棹折孤舟

저기 저 치솟은 건 무슨 산인가?　　直峻何山
머리 두고 내가 죽을 고향 쪽 언덕　　是吾首邱
강대를 그리면서 못 가는 세월　　望岡臺而迍邅
물같이 흐름은 빠르기도 하여라.　　歲華忽其如流
청천 냇물 읍키며 길게 어정거리며　　挹晴川而延竚
늘그막에 편히 좀 쉬었으면 싶어도　　庶嚮晦而宴休
비웃고 조롱하는 나쁜 무리들　　奈揶揄之惡倡
내 고향에 머물지 못하게 하니　　不俾我而淹留
아! 어찌 마음 졸여 갈 곳 몰라 하는가?　　胡爲乎踽踖迷所之
남북을 가르는 흑풍 회오리　　南北黑風惡
화평을 이룩할 기약도 없네.　　和平未易期
저기 저 사이비 군자들　　彼叢莠之亂苗
맹세코 이 땅에서 쓸어버리리.　　矢竭蹶而耘耔
길에서 죽기로니 무슨 한이랴?　　死道路兮亦何恨
가만히 외워 보는 위후衛侯의 억시抑詩　　誦衛侯之抑詩
백일같이 밝은 이 마음　　皦白日之此心
귀신에게 물어봐도 떳떳하리라.　　質諸鬼神可無疑

위의 시는 「반귀거래사反歸去來辭」이다. 1956년 심산의 나이 78세 때 지은 작품이다. 우선 제목부터 예사롭지 않다. 도연명陶淵明의 「귀거래사」에 차운한 작품이다. 그런데 「화귀거래사和歸去

來辭」가 아닌 「반귀거래사」라고 제목을 붙였다. 도연명의 「귀거래사」에 차운하되 그 지향은 대척적이라는 점을 제목에 부각시킨 것이다.

도연명의 「귀거래사」는 "돌아가자! 전원이 장차 황폐해지려는데 어찌 돌아가지 않으리오"(歸去來兮, 田園將蕪胡不歸), 이렇게 시작된다. 여기에 반해 심산의 「반귀거래사」는 "돌아가겠는가? 전원이 이미 황폐해졌으니 어디로 돌아갈 것인가?"(歸去來兮, 田園已蕪將安歸)로 시작된다. 도연명은 돌아갈 고향이 있어 "돌아가자!"고 했지만 심산은 돌아갈 고향이 없어 "돌아가겠는가?"라고 한 것이다. 이 첫 구절에 두 작품의 지향점이 선명하게 구분되어 있다. "돌아가겠는가?"를 염두에 두고 「반귀거래사」를 읽어 보기로 한다.

중국의 상해, 광동 등지를 돌아다니며 조국의 광복을 위해 분골쇄신했던 심산은 자신의 삶이 슬픈 삶이 아니라고 했다. 오히려 사생취의捨生取義의 삶이었으니 빛나는 삶이리라. 그렇지만 그 와중에 모친상에 분상하지 못한 건 두고두고 남는 아픔과 회한이었을 터이다. 거기에 비하면 대업의 과정에서 받았던 고초에는 후회가 없었다. 오히려 도심道心이 쇠미해질까 걱정했을 뿐.

고향을 눈앞에 두고도 가지 못하다가 앉은뱅이가 되어서야 가 본 고향의 모습은 쑥대밭이 된 집안과 굶주리는 친척들뿐, 남은 것이라고는 아무것도 없었다. 고향이 옛날의 고향이 아니었다. 거기다가 동족상잔의 비극은 여전히 진행 중이고 고향 마을에서조차 음흉한 무리들이 날뛰고 있는 것을 보았으니 어찌 고향으로 귀거래하고 싶었겠는가.

수구초심首丘初心, 그래도 고향 아닌가. 돌아가 세상과의 인연을 끊고 지낼까? 아니야, 비록 몸은 늙었지만 마음은 아직도 청춘이라 나라 위해 할 일이 아직 많은데 무슨 귀거래? 더구나 같이 밭갈 사람도 없는 고향에 돌아간들 무엇하리. 그래도 늙으면 고향으로 돌아가야지, 이제 좀 쉬고도 싶어. 그런데 나를 비웃는 나쁜 무리들이 나를 고향에도 머무르지 못하게 하니 이제 가고 싶어도 갈 수가 없네. 그래, 분단된 조국의 통일을 방해하는 무리들을 모두 쓸어버리자. 그러다가 고향으로 돌아가지 못하고 길에서 죽는다 해도 무슨 한이 있겠는가. 끝까지 나라를 위한 대업에 힘쓰리라.

그리움이든 회한이든 또는 이 둘의 공존이든 앞서 살핀 시편에서는 고향으로 돌아가고 싶은 심산의 속내가 고스란히 담겨 있다. 그런데 「반귀거래사」에는 아무것도 남아 있지 않고 이미 예전 모습마저 상실해 버린 고향으로의 귀거래를 단념하는 심산의 심정이 나타나 있다. 대신 조국 통일의 대업에 매진하겠다는 다짐이 여실하다.

그런데 이 「반귀거래사」에서의 고향은 성주를 지칭하기도 하지만 우리나라 전체를 가리키는 문맥으로도 읽힌다. 분단된 조국에서 심산은 성주는 물론 우리나라 어디에도 안착할 수 없었을 것이다. 고향의 부재不在를 절감한 것으로 보인다. 고향의 회복은 민족의 통일이 이루어질 때 가능한 것이다.

그렇다면 「반귀거래사」는 역설적 의미로 읽을 수 있다. 분단된 조국에서는 귀거래할 수 없지만 민족이 통일되는 날 귀거래하고 싶다는 심산의 진정이 담긴 작품이 아닐까. 이런 점에서 「반귀거래사」는 심산이 지닌 고향의식의 귀착처歸着處인 셈이다.

마지막으로 심산의 「벽옹자명躄翁自銘」을 읽기로 한다. 이 작품은 81세에 지은 심산의 마지막 작품이다. 심산은 마지막 작품을 자명自銘으로 마무리하고 있다. 이 자명의 용도는 묘지명이다. 자찬묘지명自撰墓誌銘이다. 자신의 평생을 19구 133자에 담았다. 퇴계의 자명을 본받아 쓴 것이다. 심산은 이 작품에 자신의 장점과 단점을 함께 드러냈으니 한 폭의 자화상이라고 했다. 그러니까 「벽옹자명」은 문학적 자화상이라 할 수 있다.

너는 나면서 어리석으니 늙음에 누가 그 같으리오.
너의 성품은 어찌 그리 강직한가, 늙을수록 더욱 굳세도다.
너의 행실은 어찌 그리 개결한가, 늙어도 게을리하지 않도다.
부지런히 몸을 삼가여 굽히지 않도다.
알뜰히도 집안 바로 잡기를 염려하지만 집안에는 근심만 있도다.
덕과 학이 성글고 얕으니 큰 허물이로다.

명성이 실상에 지나치니 깊이 부끄러워하도다.
가난하여도 오히려 즐기니 문에는 불의의 재물이 없도다.
헤어진 솜옷을 부끄러워하지 않으니 누가 자로와 같이 할 수 있으랴.
벼슬 보기를 뒷간과 말죽통을 멀리하듯 하도다.
권흉을 욕하기를 짐승 꾸짖듯 하도다.
악을 미워함에 엄하기를 어찌 그리 원수처럼 하는가.
선을 좋아함이 돈독하지만 어찌 그리 짝이 적은가.
광복에 용맹스러움이 어찌 그리 급한가.
헛수고하여 이룬 바 없으니 곧 허물이로다.
독행하여 두려워하지 않음은 도의 두루 사랑함이로다.
두루 사랑하고 편벽되지 않음을 세상은 미워하도다.
미워하여도 원망하지 않고 마음으로 자적하도다.
살아서는 의를 다하고 죽어서야 그치리라.

심산은 강직한 성품, 개결한 행실, 근신謹愼, 안빈安貧, 벼슬 멀리하기, 악을 미워함, 용맹스러운 광복운동 등 나름대로 의미 있는 행동과 성과가 있긴 했지만 헛수고, 큰 허물, 지기가 적음, 실상에 지나친 명성 등의 문제점도 있었음을 스스로 진단하였다. 한평생을 회고하면서 자신의 공과를 엄정하게 정리한 것이다. 자찬묘지명의 형식을 빌린 이유는 실상을 과장하거나 미화한 찬양 일변도의 묘지명을 미리 차단하려는 의지가 강하게 작용한 것으로 보인다. 퇴계의 자명을 본받아 쓴 까닭도 바로 여기에 있다. 스스로 자신의 삶을 엄정하게 평가하여 남김으로써 후세의 교훈이나 경계로 삼고자 한 심산의 웅숭깊은 속내가 이 「벽옹자명」에 오롯이 담겨 있다.

두루 사랑하고 편벽되지 않았는데도 세상은 자신을 미워했고, 그래도 자신은 세상을 미워하지 않고 마음으로 자적했다고 하니, 심산은 산과 같이 흔들리지 않는 마음을 소유한 것이리라. 그러니까 심산은 명실상부한 이름이다.

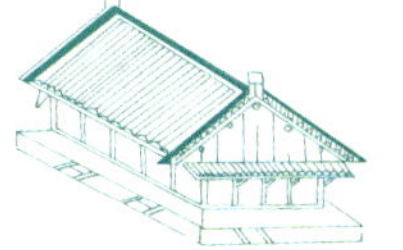

제4장 동강종가의 문헌과 건축문화

1. 청천서원의 판목

1) 동강집 판목

연보에 의하면 동강의 문집은 1661년에 편차가 완성되지만 곧바로 간행되지는 못한 것 같다. 다만 신도비가 세워진 1723년 경에 문집이 간행되었을 것으로 추정될 뿐 실물이 전하지 않아 그 구체적인 실상을 확인할 수 없다. 지금 남아 있는 판본으로는 1755년 청천서원에서 간행한 보각본(청천서원본)과 1906년 의령 이의정二宜亭에서 판각하여 진주 압현의 용강서당龍岡書堂에 보관되어 있는 중간본(용강서당본)이 있다. 보각본은 원집 17권, 보유 1권, 부록 1권, 총 19권 6책으로, 중간본은 원집 17권, 부록 4권, 총 11책으로 이루어져 있다. 청천서원본 원집(17권)의 체재를 소개하

『동강집』 보각본 판목(청천서원 경정각 소장)

면 다음과 같다.

원집 17권

권1: 시 51제 60수, 사詞 2편, 부賦 3편

권2~권5: 소疏 46편

권6~권9: 차箚 39편, 계사啓辭 9편

권10: 계啓 14편, 헌의獻議 1편, 사의私議 1편, 교서敎書 1편, 전지傳旨 1편, 전箋 1편

권11~권14: 경연강의

권15: 잠 2편

『동강집』 중간본 판목(용강서당 광정각 소장)

권16: 서書 16편, 잡저 2편, 제문 8편

권17: 비지 2편, 행장 2편, 유사 1편

보유 1권

부록 1권

위의 체재로 이루어진 『동강집』의 판목板木(청천서원본)이 현재 청천서원 경정각經正閣에 『속자치통감강목』과 함께 보관되어 있다. 원래 이 문집 판목은 동강종택 판각고板刻庫에 보관되어 있다가 보안상의 문제로 경정각을 새로 지어 보관 관리하고 있다. 이런 판목을 문중에서 관리하는 것은 여간 어려운 일이 아니다. 신뢰할 수 있는 국가기관에 위탁하는 방안을 논의해 보기를 문중에 제안한다.

지난 2월에 종손과 함께 경정각에 판목을 보러 간 적이 있는데 안전장치를 부착해 놓았는데도 자물쇠를 쇠톱으로 끊은 흔적이 있었다. 깜짝 놀라서 종손께 목판 위탁에 대한 말씀을 드렸던 적이 있다.

2) 속자치통감강목 판목

『속자치통감강목』은 동강이 기축옥사에 연루되어 회령으로 유배된 1590년부터 1592년 사이에 편찬한 역사서로, 주자의 『자치통감강목』을 계승하였다. 주자는 사마광의 『자치통감』을 강목으로 나누어 편찬하였는데, 강에서는 사실史實을 요약하고, 목에서는 사평史評을 달았다. 『자치통감강목』은 춘추필법에 의거하여 선악을 명확히 분변하고 왕조의 정통성에 초점을 맞추어 기술한 편년체 역사서이다. 『속자치통감강목』은 『자치통감강목』의 체재와 필법을 충실히 이어받은 책이다. 동강의 역사인식, 곧 춘추의리정신이 반영되어 있다. 송 태조 원년(960)부터 원 순제를 거쳐 명 태조 원년(1368)에 이르기까지 408년간의 역사를 서술한 것으로, 12권 중 11권을 송나라 역사에 할애하였다. 12권이지만 각 권이 상·중·하로 구성되어 있어 실제로는 36권에 이른다.

동강의 『속자치통감강목』의 가치에 대해서는 일찍부터 높은 평가가 이어져 왔다. 정구는 "그윽한 일을 드러내어 세교에

『속자치통감강목』 판목(청천서원 경정각 소장)

보탬이 되도록 한 책"이라 하였으며, 허목은 "사특한 말을 물리치고 사람의 마음을 바로잡아 권장하고 경계함이 지극한 책"으로 평가하였다. 세교와 정심이 그 핵심이다. 바른 마음을 바탕으로 한 역사인식을 강조한 것이다. 이러한 가치를 인정받았지만 『속자치통감강목』은 오랫동안 초본草本의 형태로 전해 오다가 정조가 세손으로 있던 1771년(영조 47)에 내각활자로 처음 간행되었다. 정조가 『속자치통감강목』을 보고 그 중요성을 인식하여 서연에서 진강하게 하고 영조에게 간행을 주청하여 간행될 수 있었다. 그 후 1808년 사림의 주선으로 청천서원에서 목판으로 다시 간행되었다. 현재 청천서원 장판각인 경정각經正閣에 판목(673매)이 보관되어 있다. 그 자료적 가치가 인정되어 도지정 유형문화재 제259호로 지정되어 있다.

2. 동강종가의 건축문화

1) 동강종택

동강종택은 김창숙 생가(경상북도 지정 기념물 제83호)라고도 한다. 심산이 태어나고 자란 곳이기 때문이다. 원래의 종택은 화재로 소실되어 지금의 종택 안채는 1901년에 중건한 것이고 사랑채는 1991년에 건립한 것이다. 문간채 대문으로 들어서면 10시 방향에 사랑채가 있고, 안쪽에는 안마당을 사이에 두고 사랑채와 평행으로 배치된 안채가 자리 잡고 있다. 안채와 사랑채가 ㄷ자를 이루는 지점, 담장 밑에 판각고가 자리 잡고 있다. 안채는 마루를 사이에 두고 좌우에 방이 한 개씩 있고 좌측 끝에 부엌이 하

동강종택 안채

동강종택 사랑채

나 딸려 있다. 사랑채는 정면 4칸으로 이루어져 있는데 좌측 2칸은 대청마루이고 우측 2칸은 방으로 이루어져 있다. 사랑채의 대청마루에서 동강 불천위 제사를 모시고 있다. 판각고에는 『동강문집』의 판목과 『속자치통감강목』의 판목이 있었는데 지금은 청천서원의 경정각으로 옮겨 보관하고 있다. 판각고는 종택의 창고로 활용하고 있다.

동강종택은 전형적인 살림집의 형태로 규모가 작은 편에 속한다. 동강종가의 소박한 가풍이 건물에도 고스란히 묻어난다. 동강종택의 방에 들어가 앉아 보면 건물이 주는 아늑함이 그대로 느껴진다. 우리는 지금 아파트의 시멘트 속에 갇혀 몸이 죽어 가고 있다. 그 온갖 독소들을 매일 마시며 말이다.

건물이 건강뿐만 아니라 성격에도 영향을 미친다는 글을 읽은 적이 있다. 과학적 근거는 기억나지 않지만 체험적으로는 여기에 동의한다. 생기가 넘쳐흐르는 동강종택에서 사악한 마음이 생겨날 수 있겠는가. 마음이 머무는 자리, 동강종택. 건물이 사람을 살리고 있다.

2) 불천위 사당

동강 불천위 사당은 종택 위 청천서당 우측에 자리 잡고 있다. 이 사당에는 불천위인 동강을 비롯하여 동강의 배위, 15대 종

불천위 사당에 봉안된 동강 내외분 신주

손의 4대조까지 열 분의 신주가 함께 모셔져 있다. 사당 안의 한쪽 벽 위에 일렬로 감실 5개를 만들어 신주를 봉안하고 있다. 동강 내외분의 신주를 제일 좌측에 봉안하고 그다음 순서대로 봉안하였다. 기록이 없어 사당이 세워진 시기는 알기 어렵다. 종손은 이 건물이 원형을 거의 그대로 유지하고 있는데 최근에 오래되어 썩은 서까래 등을 부분적으로 보수했다고 한다. 건물의 상태로 보아 상당한 연륜이 있는 건물로 추정된다.

3) 청천서원

한강 정구는 동강을 모시는 서원을 사도실에 세우려 하였다. 하지만 정인홍이 "한강이 자신의 후사를 위해 청천서원을 세

우려 한다"라는 유언비어를 퍼뜨리자 그 계획을 그만두었다. 그 후 1622년에 세워진 회연서원에 동강을 제향하였다. 1724년 청천서원을 건립하자는 사림의 공론이 다시 일어나 동강의 생장지인 사도실에 터를 정하였다. 이듬해 1725년 8월에 기와를 굽고 재목을 모아 그해 11월에 사당이 이루어지자 동강의 위패를 회연서원으로부터 옮겨 와 봉안하였다. 1728년에 강당인 일중당一中堂과 명도문明道門, 주사廚舍 몇 칸이 이루어졌다. 1745년 봄에 드디어 동·서재가 이루어져 마침내 서원이 전체적인 규모를 갖추게 되었다. 1820년 화재로 소실되어 한 차례 중건하였는데 1868년 서원철폐령에 의해 훼철되었다. 1883년 경상도 유생 김경락 등이 복원을 주청했지만 받아들여지지 않았다. 1992년 4월 26일 지역의 유림과 후손들이 힘을 모아 복원하여 오늘에 이르고 있다. 복원된 청천서원은 사우인 숭덕사崇德祠, 강당인 일중당一中堂, 동재인 소원재素源齋, 서재인 경성재景惺齋, 문루인 수정문守正門, 장판각인 경정각經正閣으로 이루어져 있다. 청천서원에는 동강을 주향主享으로 서계西溪 김담수金聃壽와 용담龍潭 박이장朴而章을 종향從享으로 모시고 있다.

이 서원은 전형적인 전학후묘前學後廟의 구조로 이루어져 있다. 강당을 중앙에 두고 그 뒤쪽에 사당을 배치하는 형식이다. 서원의 기능은 강학과 제향이다. 강당이 강학의 공간이라면, 사당은 제향의 공간이다. 지금 서원의 기능은 대체로 제향에 집중되

청천서원

청천서원 동재 소원재 편액

청천서원 서재 경성재 편액

어 있다. 강학의 기능은 각급 학교에서 담당하고 있기 때문이다. 하지만 제향은 춘추 향사와 같이 그 시기나 용도가 한정되어 있다. 서원의 활용도를 높이기 위해서는 서원의 교육기능을 되살릴 필요가 있다. 학교나 학원에서 가르치지 않는 인성교육을 하기에 서원은 최적의 공간이다.

건축물은 건축물 자체로도 의미를 지니지만 보다 중요한 것은 건축물이 담고 있는 내용물(콘텐츠)일 것이다. 서원에 와서 건축물만 보고 가는 것은 껍데기만 보고 가는 것이다. 알맹이를 알아 와야 제대로 서원을 보고 왔다고 말할 수 있다. 그래서 청천서원에 종향되어 있는 두 분을 간단히 소개하기로 한다.

· 김담수金聃壽(1535~1603)

본관이 의성이고 호는 서계로 사우당四友堂 김관석金關石의 아들이다. 경북 성주군 수륜면 수륜리에서 태어났다. 1564년 사마시에 입격했지만 관직을 단념하고 돌아와 처가가 있는 합천 황계폭포 근처에 십수 년을 머물면서 후학을 양성하였다. 1591년 학행으로 천거되었지만 나아가지 않자 선조가 황계처사라는 호를 하사하였다. 임진왜란 때는 군량 조달을 주선하기도 하였다. 부친으로부터 가학을 전수받았으며 조식, 오건, 황준량으로부터 사서와 성리서 등을 배웠다. 그는 같은 동향 출신인 김우옹, 정구와 도의로 교유하면서 학문적으로 많은 도움을 받았다. 만년에는 조목, 금난수, 김부륜, 금응훈 등 이황의 문인들과도 두터운 교분을 맺었다. 이런 점에서 그의 학맥은 퇴계학파와 남명학파를 아우르고 있는 셈이다. 문집으로 『서계일고西溪逸稿』가 있다.

· 박이장朴而章(1540~1622)

본관이 순천이고 호는 용담龍潭 또는 도천道川으로 박양좌朴良佐의 아들이다. 노수신盧守愼에게 배웠으며 조목趙穆 · 정구 · 김우옹 등과 도의로 교유하였다. 1573년에 생원시에 입격하였으며 학행으로 참봉에 천거되었다. 1586년에 문과별시에 급제하였으며 이조참판 · 대사헌 · 대사간 등을 역임하였다. 임진란 때 의병을 일으켰으며 종사관으로 활약하기도 하였다. 최영경崔永慶을 구하기 위해 김우옹과 함께 상소하기도 하였다. 1615년에 살제폐모殺弟廢母에 반대하는 상소를 올렸다가 삭직되었다. 그 후 성주에 머물며 저술과 후학양성에 힘썼다. 저술로는 『용담집龍潭集』 · 『정서절요程書節要』 · 『육경여해六經餘海』가 있다.

4) 청천서당

청천서당(경상북도 지정 유형문화재 제261호)은 종택 위 동쪽에 자리 잡고 있다. 청천서당은 1868년 서원철폐령에 의해 청천서원이 훼철되자 동강의 12대 종손인 하강 김호림이 종택의 사랑채를

청천서당(성명학교)

고쳐 중건한 것이다. 1910년 동강의 13대 종손인 심산 김창숙이 서당을 수리하여 성명학교라는 편액을 걸고 구국운동으로 후진 양성의 교육장소로 활용하기도 하였다. 아울러 1992년 청천서원이 복원되기 전까지 지역의 유림을 결집하는 서원으로서의 기능도 수행하였다.

서당은 정면 5칸 측면 1칸 반으로 이루어져 있으며 팔작지붕으로 되어 있다. 서당 앞에는 3칸의 대문채가 있고 그 남쪽에는 3칸의 일자형 관리사가 있다. 그리고 서당의 담장 밖 북쪽에는 동강을 모신 불천위 사당이 자리 잡고 있다.

제5장 동강종가의 제례

1. 동강 불천위 제사

동강종가의 불천위 사당은 종택의 위쪽 청천서당 옆에 자리잡고 있다. 원래 불천위 사당은 종택 안에 있었는데 종가가 불타 다시 지을 때 사당을 청천서당 옆으로 옮겼다고 한다. 사당 안에는 문정공 김우옹 내외분의 신주를 제일 좌측에 봉안하고 동쪽으로 차례대로 고조부모－증조부모－조부모－부모의 신주를 봉안하였다. 사당 안에 5개의 감실을 일렬로 만들어 신주를 봉안하였다.

동강 불천위 제사는 음력 11월 9일 종택 사랑채 대청마루에서 지낸다. 원래는 자정 무렵에 지내다가 몇 년 전부터 저녁 7시경에 지낸다고 한다. 제사 시간을 변경한 이유는 먼 곳에서 오는 참사자들을 감안해서 취해진 조처라고 한다. 제사의 취지가 조

동강 불천위 사당

동강 불천위 사당 내부 감실

상을 추모하는 의식이라면 보다 많은 후손들이 제사에 참석하는 방향으로, 형식이 상황에 맞게 조정될 필요가 있다. 이것이 진정한 변례가 아니겠는가. 본질을 벗어나지 않는 선에서 형식은 신축적으로 운용되어야 한다. 제사 시간의 변경은 이런 차원에서 이해할 필요가 있다. 지나치게 형식만 고집하다가 본질을 잃어버리는 어리석음에 빠지지 말아야 한다.

비위妣位 제사는 따로 지내왔으나 최근에는 동강 불천위 제사에 합설하여 지낸다. 동강 불천위 제사의 과정을 소개한다.

1) 제수 준비

종부(손응교, 97세)가 연로하여 직접 제수를 장만하기 어려워 마을(성주군 대가면 칠봉리 사도실)의 종인들(20여 가구)이 종가에 모여 함께 제사 음식을 준비한다. 사도실은 동강의 후손들이 모여 사는 집성촌이다. 종인들은 서로 동강 선조에 대한 이야기를 주고받으며 정성과 공경을 담아 제수를 장만한다.

2) 집사 분정

원근에서 20~30명 정도가 제사 당일 종가에 모인다. 예전에는 시도기時到記를 작성했으나 지금은 시도기가 없다. 다른 문중에서 오는 제관이 없고 일가들만 참석하기에 생략했다고 한다. 이것 역시 변화된 상황에 맞게 형식을 간소화한 것이다.

초헌관初獻官은 종손이 맡고 아헌亞獻은 연장자가, 종헌終獻은 특히 멀리서 시간을 내어 제사에 참석한 연장자가 한다. 대축大祝, 집사執事, 진설陳設 등도 연장자들이 맡아 한다.

3) 제청 준비 및 진기陳器

종택의 사랑채 마루에 제청을 마련한다. 제구나 제기는 사랑채에 보관했다가 제사 당일에 꺼내어 쓴다.

제청

먼저 병풍屛風을 두르고 제상을 놓는다. 교의交椅가 없는 대신 제상에 신주를 놓는 자리가 따로 마련되어 있다. 촉대燭臺와 배석拜席, 향안香案, 향로香爐, 향합香盒, 축함祝函, 주가酒架, 모사기茅沙器, 퇴주기退酒器, 관세위盥洗位 등을 진설한다.

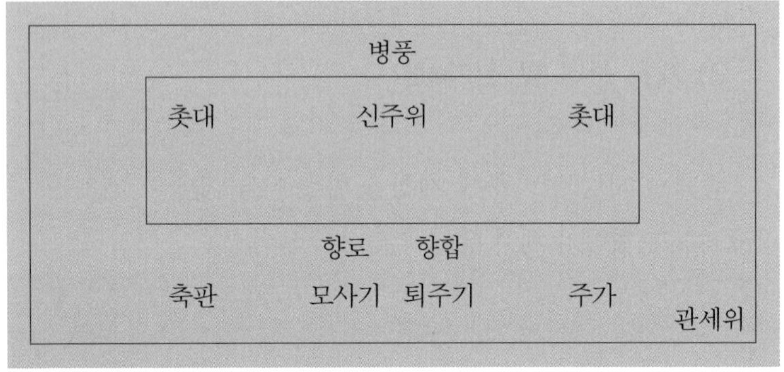

4) 진설

집사는 제상에 촛불을 밝히고 진설을 시작한다. 그날 정성껏 마련한 제수를 차례대로 올린다. 상차림은 5열이다. 제1열에 갱(국)·반(밥)·잔, 제2열에 건어·자반·육적·편(떡), 제3열에 나물, 제4열에 탕, 제5열에 과일을 진설한다. 격식을 차리면서도 간소한 상차림이다. 제수의 종류를 늘리고 푸짐하게 차린다고 제사의 품격이 높아지지 않는다. 제사의 품격은 참사자들의 마음가짐, 곧 정성과 공경에 달려 있다. 제수의 양도 참사자들의 수에 맞추어 신축적으로 조절해야 한다.

		신위			
제1열		갱 반 잔	갱 반 잔		
제2열	건어	자반(조기)	육적	편	
제3열	나물	고사리	콩나물	나물	나물
제4열	탕(육탕)	탕(어탕)	탕(어탕)		
제5열	대추	밤	배	감	기타 과일

5) 출주出主

진설이 완료되면 종손이 앞서고 대축 이하 집사자들이 뒤를 따라 사당으로 가서 신주를 모셔 온다.

	제1실	제2실	제3실	제4실	제5실
	불천위	고조부모위	증조부모위	조부모위	부모위
향안					
서문			중문		동문
서계					동계

향로와 향합은 따로 들지 않고 집사 두 사람이 맨 앞에 서고, 주인과 대축 등이 집사를 따라 사당으로 간다. 주인과 집사는 동쪽 계단을 올라 동쪽 문으로 들어간다. 향불을 피우고 주인이 고유한다. 출주고사는 다음과 같다.

今以
顯十五代祖考贈資憲大夫吏曹判書府君
顯十五代祖妣貞夫人尙州金氏
遠諱之辰 敢請神主 出就廳事 恭伸追慕

출주고사는 사당에서 신주를 제청으로 옮기면서 신주에게 고하는 글이다. "오늘 돌아가신 날에 대청마루로 신주를 모셔 공경스러운 마음으로 추모하고자 합니다." 이런 내용이다.

고유가 끝나면 종손이 주독主櫝을 안고 동쪽 문을 통해 나와 동쪽 계단으로 내려와 제청으로 돌아온다. 제상에 놓고 도자韜藉(신주 덮개)를 벗기면 본격적으로 제사가 시작된다.

6) 제사의 본절차

· 참신參神과 강신降神

제사는 참신례로부터 시작된다. 제청이 모인 참사자들이 신주를 향해 공손히 재배한다. 이어 강신례가 진행된다. 먼저 집사가 향로에 향불을 피우는 분향례를 하고, 이어서 제주를 모사기에 나누어 따르는 뇌주酹酒가 이어진다. 이어 종손이 재배再拜한다.

· 초헌初獻

초헌관은 종손이다. 초헌관이 관세위에 나아가 손을 씻고 자리를 잡고 앉으면 좌집사가 잔대를 제상에서 내려 초헌관에게 준다. 이때 우집사가 제주를 따르고 이를 좌집사가 받아 다시 제사에 올린다. 따로 좨주祭酒하거나 진적進炙하는 절차는 없다. 비위도 고위와 마찬가지로 헌작한다.

· 독축讀祝

헌작이 끝나면 축관이 독축한다. 이때 참사자들은 부복하고 기다린다. 독축이 끝나면, 모두 일어나고 주인은 두 번 절하고 제자리로 돌아간다. 집사는 잔반을 내려 술잔을 비우고, 집사들이 철주撤酒할 때 주인이 퇴줏그릇을 들고 받는다.

이때의 축문은 다음과 같다.

維歲次某年某月干支削某日干支十五代孫暐 敢昭告于

顯十五代祖考贈資憲大夫吏曹判書兼知經筵義禁府春秋館成均館事

弘文館大提學藝文館大提學世子左賓客行嘉善大夫吏曹參判
兼同知經筵義禁府春秋館成均館事弘文館提學藝文館提學世子
左副賓客刑曹參判兵曹參判大司憲成均館大司成贈謚文貞公
東岡府君 歲序遷易
諱日復臨 追遠感時 不勝永慕 謹以淸酌庶羞 恭伸奠獻以
顯十五代祖妣貞夫人尙州金氏配食 尙
饗

유세차 모년 모월 모일에 15대손 위暐는 문정공 동강부군께 아룁니다. 해가 바뀌어 기일이 다시 돌아오니 예전의 그때를 추억하고 느껴 길이 추모하는 마음 이길 수 없습니다. 삼가 맑은 술과 몇 가지 음식을 정성껏 차려 공손하게 올리오니 흠향하시옵소서. 정부인께서도 함께 흠향하시옵소서.

· 아헌亞獻과 종헌終獻

아헌례는 초헌례와 동일한데 그날 참사자 가운데 연장자가 올린다. 종헌례의 절차도 초헌례와 동일하며 종헌관은 참사자 가운데 특별히 시간을 내서 온 사람, 다른 문중의 사람, 연장자 가운데서 선발한다.

· 유식侑食

술잔을 드리는 의례를 마치면 신에게 음식을 드시도록 권하는 절차인 유식례侑食禮를 진행한다. 주인은 첨작하고 집사들은 수저를 메(밥)에 꽂고 젓가락을 올린다. 이때 주인은 절하지 않고 목례만 한다.

· 합문闔門과 계문啓門

유식이 끝나면 조상이 안심하고 식사할 수 있게 문을 닫고 기다리는 절차인 합문闔門이 이어지는데, 동강종가에서는 병풍을 살짝 안으로 모아서 합문의 예를 대신한다. 합문을 하고 주인 이하 참사자는 툇마루에서 대기하는데 보통 10~20분이 경과하면 계문啓門한다. 제례일이 추운 동짓달이라 연로한 참사자들의 건강 때문에 오랜 시간 합문례를 행할 수 없어 취해진 조처라고 한다.

일정 시간이 지나 연장자가 기침을 세 번 하면 모두 제청으로 들어가 병풍을 원래대로 펼친다. 이어서 국그릇을 내리고 맑은 물이 아닌 숭늉을 따로 끓여 올린다. 이어서 밥을 들어 숭늉에 말고 참사자들은 손을 모으고 머리를 숙이고 잠시 대기한다.

· 사신辭神과 음복飮福

수저를 내리고 메의 뚜껑을 닫고 사신례辭神禮를 행한다. 참사자 모두 각자의 위치에 서서 일제히 두 번 절한다. 축관이 축문을 향로에 태우면, 주인은 신주에 도자韜藉를 씌우고 주독主櫝의 뚜껑을 닫은 다음, 정중히 모시고 사당으로 올라가 감실에 모신다. 돌아와 조상이 흠향한 음식을 음복하는 것으로 제례는 마무리된다.

2. 청천서원 향사

청천서원 숭덕사崇德祠에는 동강 김우옹이 주향으로 중앙에 봉안되어 있고 서계 김담수와 용담 박이장이 종향으로 좌우에 봉안되어 있다. 매년 음력 3월 7일에 향사를 올리고 있다. 서원 향사는 유림이 주관하는 공식적인 의례로 다른 제례에 비해 격식이 더욱 엄정하다.

청천서원 향사는 몇 년 전부터 당일 행사로 치른다. 보통 서원 향사는 향사일 하루나 이틀 전에 제관들이 먼저 서원에 들어와 숙식한 뒤 향사에 참사한다. 청천서원 향사에서는 이 과정을 생략했다. 마을에 제관들을 접빈할 사람들이 없고 참사자들이 연로하여 서원 숙박에 무리가 있어 취해진 조처이다. 다른 제례

숭덕사

에 비해 격식이 엄정한 서원 향사에서 이런 절차를 생략한다는 것은 쉬운 일이 아니다. 참사하는 유림의 공론을 거쳐 결정된 사항이다. 현실적 상황을 충분히 감안한 것이다.

서원 향사에는 일반 제례와는 달리 망기를 보내는 절차가 있다. 보통 향사 한 달 전에 보낸다. 망기는 향사의 주요 집사들에게 보내는 위촉장이다. 보통 5집사(초헌관 · 아헌관 · 종헌관 · 축관 · 집례)에게 망기를 보낸다. 청천서원에서도 유사와 원장이 상의하여 집사들을 선정하여 망기를 보낸다.

청천서원 향례 집사분정기

1) 집사 분정

청천서원에서는 향사 당일 오전 10시경에 서원 강당인 일중당一中堂에 참사자들이 모여 서로 인사를 나눈 뒤 집사분정기를 작성한다. 작성된 집사분정기는 참사자들의 확인을 거쳐 사당인 숭덕사 앞에 게시한다. 향사가 마무리되면 서원의 강당에 붙여 둔다.

집사분정기는 참사자들이 각기 일정한 역할을 분담하여 원

만하게 향사를 치르기 위해 작성하는 것이다. 청천서원 향사의 집사자 수는 13명이다. 그 목록과 역할은 다음과 같다.

初獻官(첫 번째로 술을 올리는 제관)

亞獻官(두 번째로 술을 올리는 제관)

終獻官(마지막으로 술을 올리는 제관)

執禮(홀기를 읽으며 절차를 진행하는 제관)

祝(축문을 읽는 제관)

謁者(헌관을 인도하는 집사)

贊引(집례, 축, 제집사를 인도하는 집사)

司尊(술항아리를 보관하는 장소에서 술을 따르는 집사)

奉香(향을 받드는 집사)

奉爐(향로를 받드는 집사)

奉爵(사준이 따른 술잔을 받아 헌관에게 건네주는 집사)

奠爵(헌관으로부터 술잔을 받아 신위 앞에 올리는 집사)

贊唱(집례 보좌)

필자도 이번 청천서원 향사에 참사하였다. 참관하러 갔다가 참사한 경우라는 것이 정확한 표현이다. 특별한 역할을 부여받지 못했지만 향사에 참여한 유림들께서 학생이란 명칭으로 집사 분정기 마지막에 이름을 올려 주었다. 의관을 제대로 갖추지 못하고 참사한 것이 죄송스러울 따름이다.

2) 향사 절차

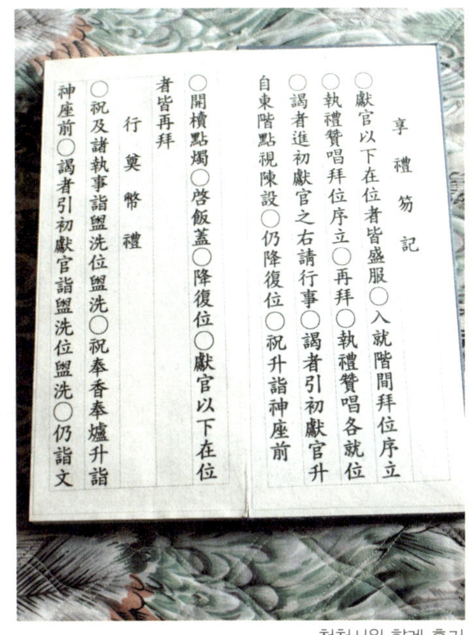

享禮笏記

○獻官以下在位者皆盛服○入就階間拜位序立

○執禮贊唱拜位序立○再拜○執禮贊唱各就位

○謁者進初獻官之右請行事○謁者引初獻官升

自東階點視陳設○仍降復位○祝升詣神座前

○開櫝點燭○啓飯蓋○降復位○獻官以下在位

者皆再拜

行奠幣禮

○祝及諸執事詣盥洗位盥洗○祝奉香奉爐升詣

神座前○謁者引初獻官詣盥洗位盥洗○仍詣文

청천서원 향례 홀기

청천서원의 사당인 숭덕사의 제상에 제수를 진설한다. 제상 뒤의 교의에 신위가 모셔져 있다. 올리는 제수는 불천위 제사 때와는 다르다. 채소로는 무, 부추, 미나리, 고기로는 소고기, 돼지고기, 육포, 생선으로는 조기, 곡식과 과일로는 조, 쌀, 잣 등을 올린다. 서원 향사 때 올리는 제수들은 익히지 않고 날 것 그대로 올린다.

향사 절차는 참신 및 강신례－전폐례奠幣禮－초헌례－아헌례－종헌례－음복수조례飮福受胙禮－망예례望瘞禮(望燎禮)의 순서로 진행된다. 서원 향사에는 불천위 제사에 없는 몇 가지 절차가 있다. 전폐례와 음복수조례가 그것이다. 전폐례는 강신례와 초헌례 사이에 초헌관이 폐백을 올리는 절차이고, 음복수조례는 종

청천서원 향사 음복수조례

헌례와 망예례 사이에 초헌관이 술과 육포肉脯를 조금 먹는 절차이다. 나머지 절차는 불천위 제사와 대동소이하다.

참고로 청천서원 향례의 상향축문常享祝文을 제시하면 다음과 같다.

維歲次某年某月干支朔某日干支後學姓名敢昭告于
先師文貞公東岡金先生 伏以敬直義方道巍德尊猗歟正學
永世不諼 謹具 牲幣醴齊粢盛庶品式陳明薦

청천서원 향사 축문

以西溪金公龍潭朴公配 尚

饗

유세차 모년 모월 모일에 성명 모는 감히 선사 문정공 동강 김 선생께 밝게 아룁니다. 엎드려 생각하건대 선생께서는 경으로써 안을 곧게 하시고 의로써 밖을 반듯하게 하시어 도가 우뚝하고 덕이 높았으니 아! 그 정학은 영원히 잊혀지지 않을 것입니다. 삼가 희생과 폐백과 술과 곡식을 갖추어 올리노니 흠향하시

청천서원 향사 진설 제수

청천서원 향사 참사 장면

청천서원 향사 개좌 장면

옵소서. 서계 김공 용담 박공께서도 함께 흠향하시옵소서.

위의 상향축문의 핵심 구절인 '敬直義方 道巍德尊 猗歟正學 永世不諼' 은 밀암密庵 이재李栽가 지은 것이다. 동강의 학문을 압축적으로 표현한 것이다. 경이직내敬以直內와 의이방외義以方外, 심학心學의 공효로서의 정학正學을 강조한 것이다.

제6장 종부 · 종손과의 대화

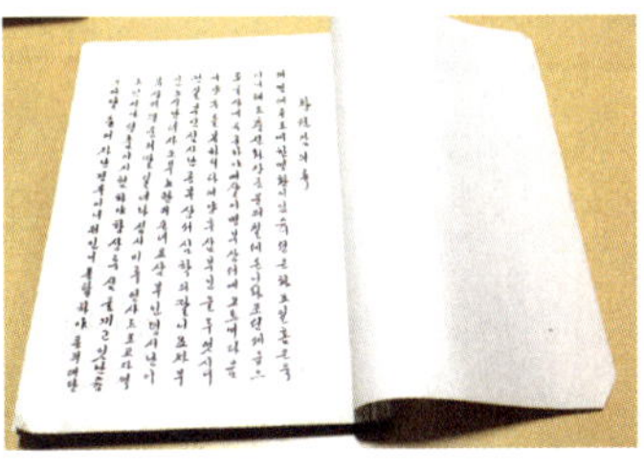

1. 종부로 살아온 나날들: 14대 종부 손응교

동강의 14대 종부 손응교 여사(97세). 사도실에서 동강종택을 지키고 계신다. 100수를 바라보는 춘추이지만 건강하신 듯하여 마음이 놓인다. 20여 년 전에 처음 뵙고 그 후에도 서너 차례 뵙고 말씀을 들은 적이 있다. 올해 찾아뵈었을 때는 청력이 많이 약해져 대화를 나누기 어려웠다. 그렇지만 여쭤 볼 내용을 종이에 적어드리면 그 또렷한 기억력으로 자세하게 말씀해 주셨다. 기억력은 여전하셨다. 감사한 일이다.

20년 전에 찾아뵈었을 때 종부께서는 필사본 고전소설을 보여 주셨다. 최근에 종택에 들렀을 때도 손수 필사하신 소설이라며 『창선감의록』을 보여 주셨다. 종부는 평소 이 소설을 즐겨 읽

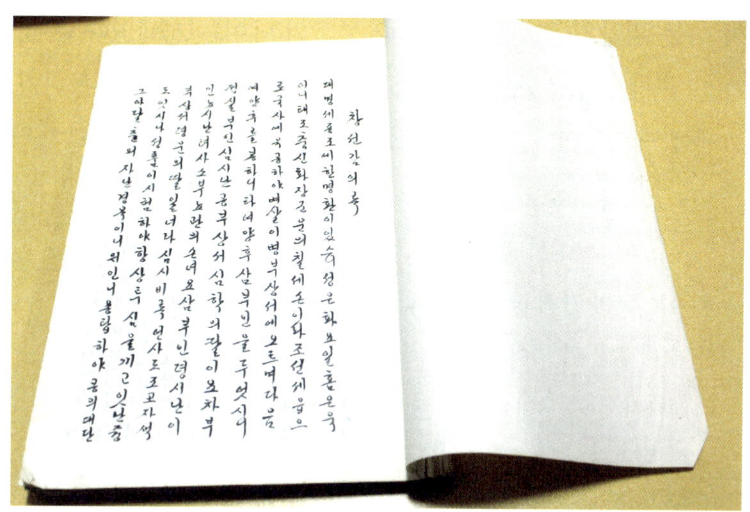
창선감의록

필사본 고전소설 『창선감의록』(동강종가 종부 필사)

는다고 하였다. 『창선감의록』은 부모에 대한 효도와 형제간의 우애를 강조한 가정소설이다. 가정윤리를 주제로 한 소설이다. 소설을 재미로만 읽으신 것 같지는 않다. 종부다운 선택이라고 멋대로 생각했다. 나의 선입견일지도 모르겠다. 어쨌든 손응교 여사의 삶은 종부라는 자리와 불가분의 관계에 있다. 그 말을 하고 싶은 것이다.

종부는 손후익孫厚翼의 따님으로 경주에서 이곳 사도실 마을로 17세 때 시집왔다. 심산과 함께 독립운동을 하던 종부의 외삼촌이 중매하여 혼사가 이루어지게 되었다. 부군夫君은 심산의 둘째 아들 김찬기(1915~1945)로 이때 부군의 나이는 20세였다. 부군은 17세 때 학생운동으로 옥고를 치른 후 독립운동에 투신하다가 31세에 작고하였다. 이때의 심정을 종부의 육성으로 들어 보자.

> 문 앞에 들어 서니께 막 우는 소리가 막 나고 이래. 사람들이 전부 모여 가지고 막 울어요. 그래 "와 이래 우노?" 카이께네, 이 사람 거서 죽어 가지고 저기 화장해가, 그것만 이제 요만한 데다가 유골 그거를 갖다 놓은께, 화장을 해가 갖다 놓은께 어른 울제, 안어른 울제. 내가 "와 이래 웁니까?" 카이끼네, 그래 우리 친정아버지가 "야야, 울고 싶어 우는 게 아이고 자연히 울음이 나온다." "왜요?" 카이께네 "찬기가 죽었단다." 이카더라고. 그래가, 그 소리 '죽었으면 어예 되노?' 카는 그 말은 못 나오데요. 나는 그래 아이고 울지도 못해 봤어요. 사랑어른 내외분이 아들 죽었다고 앉아 가지고 그래 우는데, 거서 또 내가 어예 우노. 나는 인제 죽었다 캐도 아이고 한 번 울지도 못했어요.

종부의 나이 29세, 부군은 중국 중경에서 작고하여 유골함에 한 줌의 재가 되어 고향 사도실로 돌아온 것이다. 시부모, 친정아버지 등 여러 어른들의 통곡에 정작 종부 자신은 울 수도 없었다.

심산의 맏아들도 독립운동을 하다가 20세의 젊은 나이에 작고하였다. 심산은 독립운동과 반독재민주화투쟁에 헌신하느라 집안을 돌볼 겨를이 없었다. 막내아들은 이때 나이가 어려 집안을 돌볼 처지가 되지 못하였다. 집안 살림은 온전히 종부의 몫이 되었다. 이때 집안은 쌀이 떨어질 정도로 궁핍한 형편이었다. 종부는 삯바느질로 생계를 꾸려 갔다고 했다. 동강의 14대 종부로, 심산이 생존해 있을 때까지 무려 일 년에 17번의 제사를 지냈다고 했다. 그리고 접빈객은 또 얼마나 많았을까. 종부로서의 고단한 삶이 직접 보지 않아도 선명하게 보인다.

손응교 여사는 독립운동가의 집안에서 성장하였다. 조부, 종조부, 부친, 숙부, 외숙부가 모두 독립운동에 헌신하였다. 심산이 손응교 여사를 며느리로 삼은 데는 이런 점이 크게 작용했던 것으로 판단된다.

심산은 1944년 고향에서 신병으로 요양하던 중에 건국동맹 남부지방책으로 추대된다. 실질적으로 활동하기 어려운 처지라 심산은 이때 건국동맹 중앙책으로 있던 여운형과의 연락을 김진우에게 맡겼다. 그리고 김진우에게 연락하는 일을 손응교 여사에게 맡겼다. 이 소임은 조직의 안위와 관련되는 매우 중차대한 일이었다. 심산은 손응교 여사를 독립운동의 동지로 생각했기에 이 소임을 맡길 수 있었던 것이다.

손응교 여사는 동강의 14대 종부로, 심산의 며느리이자 독립운동의 동지로 쉼 없는 삶을 살아왔다. 어머니로서의 삶은 어떠

했는가.

고등학교 2학년 때부터 집에서 나와 가지고 혼자 고학이랄까, 혼자 공부해 가지고, 그 대학교 졸업할 때까지. 거다 어머니께서 하신 말씀이, 양반 집안에 어쨌든 간에, 집은 쪼그라졌지만은 남들이 볼 땐, 대학교 총장 그러면 잘사는 걸로 알고 있는데, 전부 주위에 사람들이 너 오면 손자라고 대우하니까 애 버린다고, 사람 버리니까는 너 나가서 사람 되라고. 얼마나 무서운지 아세요?

15대 종손이 전한 어머니에 대한 기억이다. 아들에게 엄격한 어머니였다. 할아버지 심산의 후광에 기대지 말고 사람이 되라고 일부러 고학을 시켰다는 것이다. 사람이 되라는 말씀이 가슴에 와 닿는다. 인성을 제대로 갖추어야 종손으로서의 역할을 다할 수 있음을 가르친 것이다. 종손으로서의 인품을 갖추라는 지엄한 가르침이다.

종부는 연세에 비해 건강한 편이다. 그래도 워낙 고령이라 아들 내외는 서울에서 모시려고 하지만 종부의 고집은 여전하다. 종부의 말씀에 가슴이 뭉클하다.

서울에 있으면 뭐 할 얘기가 있나 뭐가 있노. 내 마음이 자꾸

동강종가 14대 종부

여 있고 싶어. 그래서 내가 여 와가 있잖아.

"내 마음이 자꾸 여 있고 싶어." 종부에게 종택은 마음이 머무는 자리였던 것이다. 동강과 심산의 정신이 오롯이 모여 있는 이곳에서 종부는 편히 쉬고 싶은 것이다. 오랜 시간 종택의 안채, 그 자리에 계시기를. 마음이 머무는 자리를 벗어나서 그런 것인가. 동강종택에서 나오자 마음이 스산하고 허하다.

요즘 종부의 삶이 주목받고 있다. 오랜 인고의 세월 속에 축적된 내면의 깊이 때문이다. 도덕적 인품, 격조 있는 기품, 웅숭깊은 도량이 그것이다. 이런 점에서 종부는 더 이상 권위의 상징이 아니다. 나눔과 섬김을 실천하는 여성으로서의 이미지가 도드라져 있다. 우리 사회의 소중한 자산이다.

2. 종손으로 살아가기: 15대 종손 김위

2013년 2월 19일. 절기로는 입춘과 우수가 지났지만 찬바람이 거칠게 불었다. 오후 2시에 동강종택에서 종손을 만나기로 했다. 동강종택은 이러저러한 일로 여러 번 다녀온 적이 있어 낯설지 않은 곳이다. 종손도 연전에 회의석상에서 뵌 적이 있어 초면은 아니다. 그런데 이날은 낯선 곳에 낯선 사람을 만나러 갈 때처럼 가슴 가득 설렘이 일어났다. 종손으로부터 종가에 대한 생각과 종손으로서의 삶을 직접 들을 수 있는 흔치 않은 자리가 될 것이기 때문이리라. 이런 설렘을 안고 도착한 사도실 마을의 동강종택은 고즈넉했다.

종택 안채 마당에 종손께서 차가운 날씨에도 꼿꼿한 자세로

동강종가 15대 종손

서 계셨다. 우리를 기다리고 계셨던 것이다. 접빈객이 일상이 된 것이리라. 하지만 이런 일상은 또 얼마나 고단한 일이겠는가. 송구스러운 마음이 일어났다.

동강의 15대 종손이며 심산의 손자인 김위. 76세, 팔순을 바라보는 나이이다. 연전에 처음 대면했을 때도 얼핏 생각했지만 이날은 노익장이란 말이 확실히 떠올랐다. 그는 지금도 여전히 기업체의 고문직을 맡아 왕성하게 활동하고 있다. 서울에 주로 살면서 회사가 있는 순천에서 지내기도 한다.

종택에 가면 언제든지 종손을 뵐 수 있었으면 하는 욕심에서

당돌한 질문 하나를 올렸다. "언제쯤 종택으로 돌아오실 건가요?" 무슨 자격으로 이런 추궁하는 듯한 질문을 했는지 스스로도 깜짝 놀랐다. 당돌한 질문에 종손은 점잖게 대답했다. "퇴직하면 종택으로 돌아와야지요." 그는 여전히 직장에서 왕성하게 활동하고 있는 현역이다. 이 사실을 기억했다면 "언제쯤 종택으로 돌아오실 건가요?", 이런 우문은 하지 않았을 터인데.

그는 부친에 대한 기억이 별로 없다고 했다. 부친(김찬기)이 독립운동을 하다 중국 중경에서 젊은 나이에 작고하였기 때문이다. 대신 조부 심산에 대해서는 또렷한 기억을 지니고 있었다.

> 내가 틈틈이 할아버지한테 가르침을 받은 거는, 우리 할아버님 어떤 분인가 하면 하여튼 곧은 성격. 근데 남들은 아마 이해하기 어려울 거지만, 굉장히 개화사상을 가지신 분이었어요. 맨 처음부터 상투를 자른 분이 우리 할아버지고, 그리고 일본말 잘하시고. 그래서 개화사상이 강하신 분이었고. 그다음에 제일 성격상 하여간 불의하고는, 의가 아닌 거 하곤 타협을 안 하신단 말이야, 그런 성격을 가지신 분인데, 그런 가르침을 받았고.

종손은 조부 심산을 불의와 타협하지 않는 곧은 성격과 개화사상을 지닌 분으로 기억하고 있다. 이런 불굴의 정신을 바탕으로 독립운동과 반독재민주화투쟁에 온몸을 바친 조부의 삶을 그는 담담하게 이야기했다. 상투를 자르고 일본어를 익힌 것도 독립운동에 필요한 개화사상의 일환이라고 했다. 그는 조부에게서 불의와 타협하지 않는 정신을 배웠다고 했다. 이러한 정신으로 그는 떳떳하게 살아왔고 앞으로도 그렇게 살아갈 것이다. 그 할아버지에 그 손자다. 동강의 13대 종손 김창숙과 15대 종손 김위. 동강의 올곧은 정신이 종손들에게 이어진 것이다.

종손은 서울대 공과대학 조선학과造船學科 출신이다. 그는 고등학교 때도 문과를 선택했고 대학교도 철학과에 지원했다. 그런데 조부 심산이 조선학과에 지원서를 내는 바람에 결국 조선학과에 진학하게 되었다. 그는 그때 조부에게 조선학과에 진학해야 하는 이유를 여쭈어 보았다고 한다.

> "왜 공과대학 조선과입니까?" 했더니, "네가 철학과니, 정치과나와 가지고 정치한다 그러면, 정말 우리 집은 망해서 아무것도 없다. 그랬다간 선조들 제사도 못 지낼 판이니, 너는 공과대학 가서 학교 졸업하고 월급쟁이 돼서 집을 좀 일으켜라." 그건 뭐 이해가 가는데, "왜 하필 조선과입니까?" 그랬더니 "우리나라가 살 길은 수출해서 사는 길밖에 없는데, 수출하려면 배가 있어야 된다" 이거라. 배 지어야 된다. 그리고 배를 지으려면 일본을 철저히 공부해야 되니까, 일본어 알지 않으면 안

되니까 일본어 공부하라고. 그래서 조선과 간 겁니다.

심산은 종가의 명맥을 이어가기 위한 현실적인 수단으로 종손의 조선학과 진학을 결정한 것이다. 독립운동과 반독재민주화 투쟁에 헌신하느라 돌보지 못한 종가, 이대로 방치해 둘 수는 없었던 것이다. 자신과 아들이 돌보지 못한 종가, 손자가 제대로 돌보고 이어 가기를 소망했던 것이다. 이런 결정은 국익을 중시한 심산의 생각이 반영된 것이기도 했다. 심산은 조선업이 국가의 주요 수출 분야로 부상할 것을 미리 예상한 것이다.

종손은 조선학과를 졸업하고 우리나라 최초의 철선을 설계하여 국위를 선양하였다. 그리고 그 설계비로 『심산유고』도 국역하고 청천서원 복원에도 힘을 보탰다. 심산의 선견지명이 적중한 것이다. 여기에 대해 종손도 "심산선생께서 멀리 보는 눈이 있어 가지고 나를 그렇게 조선학과에 보내지 않았겠나"라고 조부의 선견지명에 동의하였다.

심산의 두 아들 역시 독립운동을 하다 목숨을 잃었다. 그래서 심산은 종손에게 종가 계승이라는 책무를 맡겼다. 종손에게는 엄청난 부담이었을 것이다. 특히, 그는 어린 나이에 부친을 잃고 의지하던 조부마저 서거하자 20대 중반에 차종손이 아니라 종손이 된다. 종가를 대표하는 주인이 된 것이다. 주인 노릇은 마음만 있다고 되는 건 아니다.

그는 종손으로서의 고충을 털어놓았다. 그 핵심은 경제적인 문제에 있었다. 종가는 그냥 유지되는 게 아니다. 종택도 보존해야 하고 접빈객接賓客 봉제사奉祭祀도 해야 한다. 이 모든 것이 돈과 관련되어 있다. 종중 재산이 넉넉하지 못할 경우 종가의 유지는 현실적으로 어려움이 발생하기 마련이다. 동강 종손 역시 이 점을 지적하였다.

> 나는 이런 얘길 하거든요. 앞으로 주손은 주손대로 두고 종손은 선거해서 모집하라고. 이거 여담이 아닙니다. 이렇게 하자, 종손은 종가에서 선거해 가지고, 돈 많고 제일 잘사는 사람이 종손 하는 게 제일 좋다 이거라. 솔직한 얘깁니다. 그래야지만 집안을 유지하지, 왜냐하면 근대사회가 자본주의사회 아닙니까? 암만 뜻이 있어도, 재력 없으면 펴질 못하거든요. 그런 의미에서 내 얘기 한번 깊이 분석해 보십시오.

위의 언급은 즉흥적인 생각은 아닌 것 같다. 오랜 세월 종손으로 살아오면서 지녔던 생각을 피력한 것이다. 실효성에 대해서는 좀 더 따져 봐야겠지만 종가 유지에 필요한 재력의 중요성을 강조하기 위한 취지로 이해된다. 태생적으로 주어진 종손이라는 자리, 운명으로 여기고 살아간다고 이런 경제적인 문제가 저절로 해결되지는 않는다. 종손이라는 자리 그 자체만으로도

심리적 부담감을 느낄 만하다. 거기에다 경제적 문제까지 더해진다면 그 부담은 더욱 가중될 것이다. 이럴 경우 종손의 자리는 고충을 넘어 고통의 자리가 될 것이다. 종가의 유지를 종손에게만 맡길 일이 아니다. 종인들이 종가를 함께 지켜 나간다는 생각으로 역할을 분담하고 적극적으로 협력하는 것이 가장 현실적인 최선의 방법이다.

그는 종가를 유지하는 게 쉬운 일은 아니지만 그래도 종가는 지켜야 할 가치가 있는 문화자산이라고 했다. 이런 소중한 문화자산을 오래도록 지켜 가기 위해서는 바꾸어야 할 부분은 과감히 바꿀 필요가 있다고 했다. 특히 종손은 제례를 예로 들었다. 고위考位와 비위妣位의 기제忌祭를 고위의 기일에 합설하여 지낸다거나 제사 시간을 자정에서 저녁 7시경으로 변경한 것 등이 그것이다. 물론 제례의 격식에는 나름의 취지가 있다. 그러나 그 격식이 신성불가침이거나 절대변경불가의 것은 아니다. 상황에 맞게 격식은 바꿀 수 있다. 의례에서도 이것을 변례變禮로 인정한다.

제사 시간을 자정으로 고집한다면 직장생활을 하는 후손들은 제사에 참여하기 힘들다. 많은 후손들이 참사參祀하기를 바란다면 제사 시간은 조정되어야 마땅하다. 격식을 고집하느라 정작 중요한 본질을 잃어버리는 일은 하지 말아야 한다. 이런 점에서 동강 종손이 종가의 제사 시간을 참사자들의 현실적 상황을 감안하여 조정한 것은 의미 있는 조처로 판단된다.

종손은 형식이나 절차는 간소하게 하더라도 취지나 정신은 반드시 지켜야 한다고 거듭 강조하였다. 정신을 지키기 위해 번다한 절차나 형식을 약간 바꾸거나 조정한 것이다. 편의 때문에 그렇게 한 것이 아니다. 고위와 비위의 기제를 같은 날 지내고 제사 시간을 조정해 제사 지내는 일을 두고 편의 때문에 그렇게 하는 것이라고 누가 비난할 수 있겠는가. 제사는 살아 있는 사람이 지내는 일이란 점을 기억해 두자.

종손은 지금도 직접 승용차를 몰고 서울에서 자주 사도실에 내려온다. 종가의 행사에 참석하고 종택에 계신 노모(14대 종부)께 문안을 드리기 위해서다. 종손으로서의 역할과 자식으로서의 도리를 다하고 있다.

마지막으로 종손의 역할과 종가의 미래에 대한 고견을 들었다. 연륜과 경험에서 우러나오는 소중한 지혜를 들려주셨다.

> 옛날과 같이 종손이 하나의 문중의 리더가 돼야 하는 거 아닙니까? 그걸 이용해 가지고 자기 개인의 지위를 올리거나 그걸 가지고 돈을 벌고 재력을 모으는 데 이용해 버리면, 그건 안 되죠. 그러니까 종손이라는 거는, 도덕적으로 정신적으로 지주가 돼야 되는 거 아닙니까? 종손 되는 사람은, 특별히 그 어떤 사명감이라든가 그런 거 없이는 아마 하기 어려울 겁니다.
>
> 나는 우리 유학이 하나의 생활의 철학이고 생활의 일부라고

봐요. 사람답게 살 수 있는 그런 기본은 우리가 사회를 정화하며 살아야 하지 않느냐 생각하는데. 그걸 끌고 나갈 사람을 역시 보면요, 종갓집이라 할까 그런 데서 유지를 해 줘야지, 그렇지 않고는 아마 잊어버리기 쉬울 거 같아요. 결국 사회라는 게요, 사람이 많지만요 정신문화를 끌고 가는 건 사회의 5프로입니다. 거기서 어떻게 바뀌느냐에 따라서 서민생활도 바뀌는 거니까요. 그렇게 해야 하지 않을까요.

종손은 사명감을 가지고 사회의 리더, 곧 정신적 도덕적 지주가 되어야 한다는 말씀이 가장 인상적인 대목이다. 그렇다. 종손은 이제 특정 가문의 주인이라는 차원을 넘어 사회의 큰 어른으로서의 역할을 해야 한다. 여기에 종가의 미래가 있다.

그는 종가의 유학을 생활의 철학, 생활의 일부로 인식하고 있다. 중요한 언급이다. 종가의 유학이 공리공론에 매몰되어서는 종가에 사람들이 모이지 않을 것이다. 종가의 유학은 사회를 정화시키는 도덕적인 정신문화를 말한다. 이런 문화가 생활의 일부로 자리 잡아야 종가의 미래가 열린다. 종가의 정신문화가 확산되면 도덕성이 회복되어 건전한 사회가 이루어질 것이다. 그 중심에서 종손들이 정신적 지주로서의 역할을 해야 한다. 도덕성의 회복이 절실한 지금 종손의 역할이 그 어느 때보다 중요하다.

참고문헌

『동강집』(『한국문집총간』 50), 민족문화추진회.

『심산유고』, 국사편찬위원회, 1973.

『국역 동강집』, 청천서원, 1995.

『국역 심산유고』, 대동문화연구원, 1979.

권기훈, 『혁신유림계의 독립운동을 주도한 선각자 김창숙』, 독립기념관, 2011.

남명학연구원 편, 『동강 김우옹』, 예문서원, 2012.

문집편찬위원회, 『七峰開巖八吾軒文集』, 1986.

박해남, 『마지막 선비, 김창숙의 삶과 생각 그리고 문학』, 한국국학진흥원, 2009.

성주문화원, 『성주마을지』, 1998.

심산사상연구회 편, 『김창숙문존』, 성균관대학교 출판부, 1997.